金剛經 的真面目

你讀對版本了嗎？

八種譯本的比較——以派系思想爲主

從《金剛經》譯本的七十一項差異中，發現暗藏著源於印度派系

代壁勺思思鼋隻，享效經文出見鼋亽女勆？

翟定泉 著

序一

　　本大學大乘佛教思想研究所，今年的畢業生定泉同學，所撰《金剛經八譯的文本比較》論文，是富有特色的佳作。

　　定泉同學撰寫這一篇論文的動機，是因為坊間相關研究，依據現存梵本對照《金剛經》七種中文譯本，認為鳩摩羅什大師譯本訛略，不如後期中文六譯和英文二譯。所以在文法、結構和內容，作全面性比較，其目的是要發掘歷史真相，是否鳩摩羅什大師，擅自更改《金剛經》的內容？

　　這一篇論文內容的特色是：一、對七十一項不同的地方，作比較分析。二、以印度大乘佛教，由般若中觀而瑜伽唯識的發展背景為主軸，發現八種譯本的梵文底本，應該是隨著時代思想的不同做了更動，並非譯者任意裁剪其內容。三、對唯識思想有非常細膩深入的剖析，因為唯識學的注重思惟修，影響後期譯本文字的呈現，與豐富其內容。四、主題意識明確，要言不煩，推理

合乎邏輯。五、對於參譯者的生長時代、思想學養，做為研究的依據。

　　這一篇論文，對佛學研究者的貢獻是：一、目前以梵文底本為依據的研究方法殊為不足，應參考中文、藏文大藏經。二、中文經論的不同譯本，很有價值，可以溯源到佛教思想在印度、中國的演化脈絡。三、在梵文佛典殘缺不全的情況下，中文（包括藏文）大藏經完整，實為人類思想的瑰寶。四、佛學研究方法，應涵蓋思想史、地理學、生物學、歷史學、文獻學、文字學、聲韻學、翻譯學等。五、釐清歷史真相，還鳩摩羅什大師公道。因為定泉同學這篇論文，研究很少人研究的問題，發掘其真相，是一篇難得的佳作，今將付梓之際，讚歎之餘，乃樂為之序云爾。

淨覺僧伽大學校長淨心序於光德丈室

二〇一六・六・二〇

序二

　　中國佛教在經典的流傳上，《金剛經》是一部大家耳熟能詳的經典。此經在南北朝至唐代，被判爲不了義經。然而，隨著時代推移，愈至後代愈受到重視，尤其明代以降，幾乎籠罩整個中國，除了佛教內部之外，民間宗教對《金剛經》更是推崇備至。歷來對《金剛經》的註釋，據說至唐代便有八百餘家，至清代則有千餘家。這些說法是否可信，有待商榷，然而，藉此得以窺見《金剛經》受到重視的程度，實非一般。

　　《金剛經》在中國有六個譯本：1. 姚秦時代鳩摩羅什翻譯的《金剛般若波羅蜜經》；2. 北魏時代菩提流支翻譯的《金剛般若波羅蜜經》；3. 陳朝眞諦翻譯的《金剛般若波羅蜜經》；4. 隋代達磨笈多翻譯的《金剛能斷般若波羅蜜經》（簡稱《金剛能斷經》）；5. 唐代玄奘翻譯的《能斷金剛般若波羅蜜經》（亦即《大

般若波羅蜜多經（卷 577）・能斷金剛分》）；6. 唐代義淨翻譯的

《能斷金剛般若波羅蜜經》（一般略稱爲《能斷金剛經》）。 再者，

國外知名學者的譯著，亦不在少數。定泉法師以中國六種譯本以

及 Friedrich Max Müller 所譯的 The Diamond Cutter: The

Sacred Books of the East 與 Edward Conze 所譯的 Buddhist

Wisdom：The Diamond Sutra and the Heart Sutra 兩個英文譯

本，並參酌現存的梵文殘本，作爲研究材料，探討鳩摩羅什的譯

本問題。他認爲歷來對於羅什譯本過於簡略、與法義相違、經題

未使用「能斷」等等的評斷，有所偏頗。因而，從中考察般若系

與唯識系的思想變遷。他指出基於派系思想的考量，各家對《金

剛經》有不同的譯語，以及詮釋的立場。這是極大發現，就碩士

論文的研究績效而言，能有此成績，實令人激賞。

　　依據代表般若系統的羅什本，與代表唯識系統的玄奘本，在

經題上便有所不同，羅什本沒有「能斷」兩字，玄奘認爲：「今

觀舊經，亦微有遺漏。據梵本具云『能斷金剛般若』，舊經直云『金剛般若』。欲明菩薩以分別為煩惱，而分別之惑，堅類金剛，唯此經所詮無分別慧，乃能除斷，故曰『能斷金剛般若』，故知舊經失上二字。」玄奘將煩惱比為「金剛」，故以「能斷」之智慧來斷除煩惱。然而，羅什直接將「金剛」比喻為般若，把般若智慧視同堅固的金剛，能夠破除虛妄。因此，如就中觀思想來看，若「所斷」不續存，而「能斷」被強調，恐怕中觀學家不太同意這樣的觀點。

羅什譯本約有 5178 字，這是依據明清時期通行的版本而言，在更早之前，有唐代柳公權的書寫本 5043 字，唐代咸通九年的王玠本 5125 字，南唐保大五年的壽春府永慶寺道顒法師石刻本的 5150 字，南宋《磧砂藏本》的 5143 字，以及明成祖朱棣《金剛經集注》的 5169 字。現今坊間流通的版本是依朱棣本而定型。

至於玄奘譯本則有 8208 字，兩種譯本有三千餘字之差距，這種差異性，不能僅以羅什崇尚意譯，玄奘專主直譯；或是羅什簡化譯文，以符合中國人好簡的習性，玄奘逐一翻譯反覆吟唱，保留原貌等等說法，便可把問題說清楚。這中間涉及到宗派的理論問題，乃至於灌輸自身的宗派學說在譯文當中，以吸納翻譯的經典，成為己宗所用。因此，玄奘在回答唐太宗有關《金剛經》的問題時，指出羅什譯本有三個缺失：「三問闕一、二頌闕一，九喻闕三。」這其中必有蹊蹺！定泉法師此本著作，即在嘗試解釋個中原因。

定泉法師是香港學子，在中國兩岸三地的華人地區，香港學生大抵上英語程度較高，如在幼年開始便接受英式教育，各科目學習的語言媒介是英語，及至大學，則更有能力駕馭英文，因而，他在解譯 Friedrich Max Müller 及 Edward Conze 的譯本時，實

沒有太大困難。而且，未出家前，便已潛心研閱《金剛經》十餘年，善會《金剛經》的思想理趣。他首先釐清上述中外八家的譯文，相異者 71 處，一一臚列，對照說明，並依此爲據，提出般若系統與唯識系統各自的翻譯取向，例如羅什譯：「善男子、善女人，發阿耨多羅三藐三菩提心，應云何住？云何降伏其心？」透過這段經句，如果仔細審視八家譯文，其中隱含著漸進改動的情況，羅什翻譯的「發阿耨多羅三藐三菩提心」，在菩提流支的譯文裡改動成「大乘中，發阿耨多羅三藐三菩提心」，眞諦再改動爲「發阿耨多羅三藐三菩提心，行菩薩乘」，最後，其餘後期的五譯，則改爲「發趣菩薩乘」。這便看出唯識家「發趣菩薩乘」的影子了。在這本著作裡，舉出類似的許多例證，如「住、修行、降心」、「世尊的回答」、「無四相」、「應無所住」、「一念淨信」、「生清淨心」、「生無所住心」等等，皆能引證般若系及唯識系的經論，加以論證。這些資料是由長期積累，點點滴滴匯聚而成。

目前坊間談論《金剛經》，動輒引用上述玄奘答唐太宗的兩段話，而指稱羅什的譯本有誤；或是常借用無著、世親的解釋，而未留意他們的解釋是按唯識家改動經文後的版本來發揚義理，進而將無著、世親的解釋套在羅什的譯本之上，產生現代學者又拿現存梵本與羅什譯本對比的謬誤。吾人皆知，在梵文本的流傳過程裡，早已因由派系關係而有所改動。定泉法師這本著作給了學界一個很好的證明，即對遺留的梵文文本，須採懷疑的態度，且應收窄僅依梵文本作為對比材料的價值。有關梵文本的區域性、時間性的流傳問題，歷來頗多爭論，這也使得梵文本非必然地具有原始性和正確性。

定泉法師此翻案之作，亦有不足處，如繼承、進化、再繼承、再進化的關係，可再深入之外，對於唯識家的內部變遷亦有補充之必要。但是，此作可供觀摩之處甚多，故在口試答辯時，余便

建議修訂後出版，以供教界、學界參酌。當時獲得指導教授鄭振煌先生俞允，今此著作在付梓之際，定泉法師索序於余，余忝言數語，是爲序。

陳劍鍠

香港中文大學人間佛教研究中心主任

國立屏東大學中國語文學系教授

自序

　　本作《金剛經八譯的文本比較——以派系思想爲主》，是 2016 年筆者就讀碩士班時的畢業論文，並經過若干修訂後進行出版的。

　　撰寫本文的近緣是筆者決定剃度前，爲免貽害眾生，便曾以另一本至今仍未出版的《金剛經八家譯注》，交給家師 上暢下懷長老鑑定內容是否吻合佛法，方敢出家。那算是我十多年來研究《金剛經》的一個總歸納吧！老師父認可了，結果便使我加入了僧人的行列。

　　首先必須向廣大的讀者說明，這是一本非常學術性的書刊。若然讀者是以純粹修行佛法的立場閱讀它的話，甚有可能會令閣下感到沉悶無趣。但還是請各位按捺一下心情繼續閱讀，因爲您在其他佛典上遇到的問題，也許在本書多元的討論中會找到一點點線索，助您破除障礙。

研究《金剛經》，一是因為我初信佛時，它給與了我新的生命，因此我對它感情深厚，珍之重之；二是因為在研習的過程中，曾面對過無數各式各樣的問題，在一一解決的同時，往它更深處發掘便成為了我的樂趣！尤其是研究《金剛經》的現代學者們，都會拿久遠遺留的梵文斷片作為準則，來裁決漢傳譯本的不正確。對於既是學者又是修行者的我而言，這是件值得追查探討並研究清楚的事，是絕不能敷衍了事的。因此，把過去搜羅的資料和一直研究所得的見解加以整理，便是這篇論文，更希望能藉此提升我國古代譯典的學術價值和地位。

本書之能夠出版，首先必須多謝恩師 上暢下懷長老，他的多次認同，每令我信心培增，知道所說離佛不遠。其次是淨覺僧伽大學校長 上淨下心長老，感謝他提供了優良的環境和師資，讓我安然地在幾個月內整理文章，更要感恩他為本書撰序，並在

我往泰國進修給與莫大幫助。還有感謝五位當日論文答辯的主考老師，分別是 上從下慈法師、鄭振煌教授、楊永慶教授、黃運喜教授和陳劍鍠教授（排名不分先後），幾位教授的評價與支持，都是本書出版的最大力量。特別是 陳劍鍠教授，他極力提議本書出版，乃至百忙中爲此撰序，內容既專業，又充滿著對佛學研究的熱情，實在令我深深感動！本書的刊印工作是由 鄭振煌教授領導的中華維鬘學會所襄助的，故此必需向學會的各位成員，特別是 鄭教授與 李倫慧居士表示至高的謝意。另外， 曾泓議先生不但在資源與聯繫上出力，更爲此書擔當義務校對，實在感恩非常。

　　最後，筆者願以此書，奉獻給我那已過世的父親 吳水桃居士，以紀念他常懷護念眾生的情操，以及一直以來對我的幫助；也要獻給所有古代的翻譯家，他們的忘我法施，實應獲得我們的肯定與尊重！

筆者自知才疏學淺，故文中若有所不善處，還望各方大德及善知識勿吝指正為盼。

釋定泉
序於泰國曼谷

出土古本

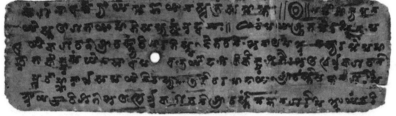

1) recto, fol. 26   2385/21

verso   2385/21

邵格延藏品中存有一部約六七世紀來自阿富汗巴米揚地區的樺樹皮抄本，殘存 21 葉，約爲全經的前 60%，已由哈里森（Paul Harrison）與渡辺章悟於 2006 年發表於挪威。

5
recto

FE 7.1380; 釒 13c~14a; IOL San 7r6~8r4; Sc 39r1~40v1; Cz 38.6~39.20; Kj 750a16~b3; Br 754b1~19; Pa 763c2~21; Dg 768c1~21; Xz 982a14~bb; Yj 773a24~b12; Tib.S ka 239b4~240b3; Tib.Pk tsi 167a3~b5; Tib.D ka 125b3~126a3

5
verso

FE 7.1381; 釒 14a~c; IOL San 8r4~9r6; Sc 40v1~42r4; Cz 39.20~41.19; Kj 780b3~21; Br 754b19~c9; Pa 763c21~764a13; Dg 768c21~769a16; Xz 982b8~c14; Yj 773b12~28; Tib.S ka 240b3~241b4; Tib.Pk tsi 167b5~168a8; Tib.D ka 126a3~126b4

巴控克什米爾地區的吉爾吉特曾出土一部六七世紀的樺樹皮抄本，殘存 7 葉，約爲全經的後半部，蕭朋（Gregory Schopen）於 1989 年發表了精當的刊本。寫本的照片也於 2016 年發表。

IOL San 386 (folio 2) recto

IOL San 386 (folio 2) verso

斯坦因（Marc Aurel Stein 1862-1943）曾於我國新疆和田附近的丹
丹烏裡克發現一部可能抄於五六世紀的寫本（現存不列顛圖書
館），殘存 14 葉，約爲後部的 70%，由 F. E. Pargiter 於 1916 年校勘
發表，哈里森（Paul Harrison）於 2015 年做了重新校勘，發表於日
本。

致謝言

感謝 淨覺僧伽大學大乘佛教思想研究所，給予學生來到這裏學習佛法的機會。亦要感謝 母校 摩訶朱拉隆功大學，讓學生能夠從這所台灣分校薰習佛法。更要感謝 上淨下心校長對學生的耐心訓育。還要感謝 鄭振煌所長的時時鞭策。也要感謝 所有老師的開示指導。亦要感謝 每一位同學給予學生的種種協助。最後，就是要感謝遠在香港的恩師 上暢下懷老師父，若無他老人家的指點與成就，學生實難走到今天這一步。

到今年的 2016 年，學生學習佛法剛好二十年，出家至今也有四年了。這四年的出家生活，都在台灣佛教僧伽學校的環境下度過。實在慶幸能夠在這種因緣下，把過去所學的加以印證，並同時獲得新的啟發。

記得兩年前報考研究所時，校方要求我們附上三份論文計劃書。當時學生便把其中一份定為「《金剛經》的譯本比較」，並註明希望以這題材撰寫畢業論文。雖然學生對《金剛經》的了解有些許把握，但相比於佛學的浩瀚汪洋，學生這微不足道的了解，恐怕只是毛孔塵與大地土的巨大差距。然而，在參加入學試時，竟然超額地獲得了 鄭所長的認同。結果，這便成為學生重要的推動力，決心將內藏的一些管見，以畢業論文的形式向各位有興趣了解的人士作一簡報。

《金剛經》是佛教的瑰寶，亦是大乘觀智的實踐指南。當有

1

人問起本經，學生都會說：「《金剛經》是本只有答案，沒有問題的奇書。」今次能夠得到指導教授 鄭所長的首肯，容許學生對 大智世尊佛陀與 聖僧尊者須菩提的慈悲對話，發表這粗淺的見解，心中慚愧之餘，不忘更存感恩！

摘要

在《金剛經》的近代二英譯本和古代六漢譯本中，差異較大的鳩摩羅什大師譯本廣受質疑與批判。本文採現代文本對比的佛學研究方法，對八譯進行全面而深入的義理對比，從 71 項差異中，發現《金剛經》不同的譯本，暗藏著源於印度派系代遷的思想演進，導致經文出現龐大改動。現代學者作為對比之用的梵本，極可能是古代已被改動過的《金剛經》新型態。這將令古譯的研究價值再次受到關注，更可能令現代佛學文本對比研究方法的有效性受到衝擊。

關鍵詞：文本對比、金剛經、鳩摩羅什、印度派系代遷

Abstract

This thesis applies contemporary Buddhist textual comparison methodology to compare the two modern English translation versions of the Diamond Sūtra and the six old Chinese translation versions. The one translated by Master Kumārajīva seems to have the biggest differences from other versions and therefore was questioned and criticized. This paper carries out a complete and in-depth theoretical comparison among the eight translation versions. From the 71 differences, the author discovered that the sectarian alternation of Indian Buddhism affected the change of thought and thus the translation in a huge manner. Whereas the Sanskrit texts being used by modern scholars as a means of textual comparison were actually the new editions of the *Diamond Sūtra* in ancient time. This discovery might bring up new attention to the value of research on ancient translation works. And also, the efficacy of modern Buddhist textual comparison methodology might be questioned.

Key words: textual comparison, *Diamond Sūtra*, Kumārajīva, sectarians alternations

目次

第壹章　緒論

第一節　研究動機與目的

一、研究動機

　　若論古往今來中國佛教中註疏義解最多的經論，當首推《金剛經》。從首位翻譯者的弟子僧肇大師[1]起一直到現代，就有上百家書刊問世，可見它確是學者們一直熱衷的研究對象。想來在佛教家庭長大的筆者，也是約廿年前開始，才因某種因緣通過《金剛經》正式學佛的。因此，我對此經感情深厚，能夠細緻地探索它，可說已成生平的願望。

　　《金剛經》的漢譯版本不少，合共六譯。一般談及《金剛經》，大概都是指流通最廣，鳩摩羅什大師所譯的《金剛般若波羅蜜經》。而六部漢譯文字有相當出入，是古來已公認的。若翻查釋論註疏，古德已有整理列出種種差別。而且，建基於中國佛教獨特的圓融思想，古德多會站在會通的立場，給與各譯平等的評價。[2]但在慧能大師於《金剛經》開悟、禪宗自唐代興起以後，什譯便因

---

[1] 〔東晉〕僧肇大師著《金剛經註》，《卍續藏》，第 24 冊，頁 395 上。
[2] 如〔唐〕窺基大師著《金剛般若論會釋》中，有關「住、修、降伏」三問，基師說：「初二問能治道；第三問斷所障故；但三問不增不減。羅什二問，住中合故。」《大正藏》，第 40 冊，卷 1，頁 721 中。表示二問或三問只是開合不同，本質並無分別。

禪宗鍾情，而有凌駕他譯的趨勢，並爲釋經者所偏寵。[3]

然而，時至今日，情況逆轉。現代的佛學研究，流行以現存梵本及不同譯本互相對比，然後做出此對彼錯的批判。對於《金剛經》，因爲漢譯便有六個不同版本，材料充足，更是學者們熱愛研究比較的對象。這類研究，甚至有時會獲得如近人張宏實所說的結論：「幾乎可以確認鳩摩羅什版要作適當的更正。」[4]然而，筆者對這種見解不敢苟同。

就以什譯來說，首先，從現實上看，我們如何能確定，什師所用的底本，相同於其他譯本採用的底本，乃至現存梵本？二，從實踐上看，什譯是否與法義相違，並且無法對治眾生的煩惱，而必須做出詞彙上的更改？三，亦是最重要的，若然真的將什師譯本中的文字，改寫成學者們的建議，結果是否會違反其所述佛法義理的一貫性？就以經題是否應該加入「能斷」二字爲例；若是，爲什麼什譯沒有加入？若否，爲什麼某些版本卻有？在對比時，學者是否也應考察譯本各自的義理立場？

---

[3] 如(一)〔唐〕宗密大師述，子璿法師治定《金剛般若經疏論纂要》中，有關「一切有爲法」偈的問題，圭峰說：「魏譯九喻，秦本略者，以星燈有體雲種含生，恐難契空心，潛滋相想，取意之譯妙在茲焉。」《大正藏》，第33冊，卷2，頁169下。表示什譯對修行更有益處，亦更契第一義！(二)〔清〕無事道人著《金剛經如是解》評價說：「元魏留支、陳天竺真諦二譯，要不如後秦鳩摩羅什所譯，辭特簡明，義無脫誤；是以震旦誦習，日月爭光，而註釋多門，意見差別。」《卍續藏》，第25冊，第25冊，頁185中。

[4] 張宏實《圖解金剛經》，頁114，橡實文化，台灣，台北，2008年3月。

二、研究目的

為了對這類疑問作出正確的了解，筆者利用六個漢譯本及兩個英譯本，進行全面性的研究，希望能為當中的疑問，提供合理的答案。因此，本文的目的就是要說明：

1、古來皆知各譯本有所不同，其差異有哪些？內容是什麼？

2、造成這些差異的原因是什麼？是翻譯者？還是源於底本？

3、若源於底本，所牽涉的內容是什麼？是否與印度的派系代遷有關？

4、若與印度的派系代遷有關，是否表示各譯都有各自所要發揚的義理？當中用詞可否互相取代？

5、若義理不同，用詞又不可互相取代，那麼，純粹文本對比的研究方法，便可能對問題提供不正確的結論了。如此，我們應該如何改進？

第二節　研究範圍與方法

一、研究範圍

為回答以上疑問，本文主要依據鳩摩羅什大師的漢文譯本，附以菩提流支、真諦、笈多、玄奘、義淨等大師的譯本，和 Friedrich

Max Müller 與 Edward Conze 的英文譯本，作爲研究對象。現簡介如下[5]：

《金剛般若波羅蜜經》：此處使用的是《大正藏》0235 版本[6]，文長 5143 字，是後秦時，由龜茲國般若空觀巨匠鳩摩羅什大師翻譯，約公元 403 年（後秦弘始年間）譯出。普通稱爲《金剛般若經》或《舍衛國本》，本文稱作「什譯」。這是流行最廣、註疏最多的版本，也是現存漢文譯本中，年代最古舊的一本。通常所說的《金剛般若經》或《金剛經》，便是指此版本而言。禪宗更以此本爲日常誦本。據《六祖壇經》所傳，五祖弘忍大師時代，便已勸導人持誦本經。而惠能大師就是兩次得聞此經的經文而開悟見性的。

《金剛般若波羅蜜經》：《大正藏》0236 版本[7]，文長 6138 字，是元魏時，由印度唯識思想家菩提流支（亦作留支）大師翻譯，約公元 509 年（後魏永平二年）譯出。普通稱爲《婆伽婆本》，本文稱作「支譯」。內容與什譯差異不大，故經常被學者認爲是受到什譯的影響。[8]因流支翻譯世親菩薩的《金剛般若波羅蜜經

---

[5] 按：內容主要參考了楊白衣先生的論文〈金剛經之研究〉，再加上筆者的考據而成。

[6]〔後秦〕鳩摩羅什譯《金剛般若波羅蜜經》，《大正藏》，第 8 冊。(以下將以「什譯」簡稱之)

[7]〔元魏〕菩提流支譯《金剛般若波羅蜜經》，《大正藏》，第 8 冊。(以下將以「支譯」簡稱之)

[8] 如蕭玫：〈「應無所住而生其心」──從梵文原義到禪學新詮〉：「儘管流支可能認為羅什將『無住心/apratiṣṭhitaṃ cittam』譯為『清淨心』有失精

論》[9]（下文簡稱「世親《論》」）時，是應用支譯本身的經句，故唐代學者，尤其是唯識學者，甚多使用此經作研究。《大正藏》中所收錄的，亦載於《麗本》、《元本》、《明本》的支譯，與載於宋本的，二者之間，字句頗不相同。《大正藏》中另有 0236b 的版本，是因「思溪（即宋湖州版思溪資福藏）經本竟失其傳，誤將陳朝真諦三藏者重出，標作魏朝留支所譯」[10]的重覆本。其內容與下面諦譯完全一致，故本文只會使用 0236 的版本。

《金剛般若波羅蜜經》：《大正藏》0237 版本[11]，文長 6461 字，是陳朝時，由印度唯識學者真諦大師翻譯，約公元 559 年（陳永定年間）譯出。又名《祇樹林本》，本文稱作「諦譯」。據傳真諦是依世親的《金剛經論》內的引文，而非直接以梵經原文譯出此經的。[12]這便馬上讓人聯想到唯識家對經文的影響有多少了。另外，什、支、諦三譯的經題，均未涉及「斷割」或「能斷」的

準，然而流支仍保留什譯的『清淨』兩字……其尊古之情表露無遺。」《正觀雜誌》，第 68 期，頁 21。不過，是依怎樣的邏輯而得到這樣的猜測呢？作者可沒有說明！

[9] 天親菩薩造，〔元魏〕菩提流支譯《金剛般若波羅蜜經論》，《大正藏》，第 25 冊。

[10] 支譯：「《金剛般若》，前後六翻。按《開元錄》，此第二譯。《思溪》經本竟失其傳，誤將陳朝真諦三藏者重出，標作魏朝留支所譯。」頁 757 上。

[11] 〔陳〕真諦譯《金剛般若波羅蜜經》，《大正藏》，第 8 冊。(以下將以「諦譯」簡稱之)

[12] 諦譯：「法師不乖本願，受三請而默然。尋此舊經甚有脫悞，即於壬午年五月一日重翻，天竺定文依婆藪論釋(即世親的《金剛經論》)。」《大正藏》，第 8 冊，卷 1，頁 766 中。

用詞和意思。

　　《金剛能斷般若波羅蜜經》：《大正藏》0238 版本[13]，文長 7110 字，是隋朝時，由印度唯識思想家達磨笈多大師翻譯，約公元 590 年（無考）譯出。本來經題爲《金剛斷割般若波羅蜜經》[14]，後人改爲「能斷」，是第一本涉及「能斷」這意思的經題。此經爲逐字翻譯，故又名《直本》，即依照梵文文字之順序，一句一句譯成相當的漢字，故僅看譯文則較難讀通。本文則稱作「笈譯」。據朱慶之的研究，笈譯「這個本子並不是獨立存在、供中國信眾閱讀學習的，而應當是與梵文配合使用的，作用是幫助漢地信眾學習佛教原典和原典語言。當然，它也可以幫助那些精通梵語的西域僧人學習漢語」[15]。因此，憑文法排序與字詞的重組，笈譯在某程度而言當可給予我們某些特別的啓示。笈多於後翻譯無著大師所造的《金剛般若波羅蜜經論》[16]（下文簡稱「無著《論》」）時，引用的經文卻是支譯的版本。楊白衣認爲那是笈多重新以漢

---

[13]〔隋〕笈多譯《金剛能斷般若波羅蜜經》，《大正藏》，第 8 冊，卷 1，頁 766 下。(以下將以「笈譯」簡稱之)

[14] 因為，無著菩薩造，〔隋〕笈多譯《金剛般若論》如此說：「《金剛斷割般若波羅蜜論》竟。阿僧伽作。」《大正藏》，第 25 冊，卷 2，頁 766 上。又，依〔唐〕智昇所編《開元釋教錄》所說：「初笈多翻金剛斷割般若波羅蜜經一卷……」《大正藏》，第 55 冊，卷 7，頁 522 中。

[15] 朱慶之〈略論笈多譯《金剛經》的性質及其研究價值〉，頁 10，《普門學報》第 36 期，2006 年 11 月，台灣，高雄。

[16] 無著菩薩造，〔隋〕達摩笈多譯《金剛般若波羅蜜經論》，《大正藏》，第 25 冊。

文翻譯[17]，那是錯誤的。或許楊氏是想說另一同是冠名無著造、笈多譯的《金剛般若論》[18]吧！此論內有散見經文，然而仍與笈譯內的用詞不盡相同。

《大般若波羅蜜多經·第九能斷金剛分》:《大正藏》0220h 版本[19]，文長 8221 字，由我國唐代法相唯識巨匠玄奘大師譯，約公元 648 年（貞觀二十二年）譯出，本文稱作「奘譯」。原本玄奘曾先譯一卷，名《能斷金剛般若波羅蜜多經》，又名《室羅筏城本》，但未收入《大正藏》中，而是收錄於《頻伽藏》第四十冊中。《大正藏》和本文使用的版本為《頻伽藏》的後代版（相信是已被修改過），重複《頻伽藏》內譯文很多。[20]據傳，現在的為初譯，後曾譯出第二次，但已逸失。[21]

---

[17] 楊白衣〈金剛經之研究〉:「達摩笈多於後翻譯無著著作之『金剛般若波羅蜜經論』（大正藏第二五卷、No.1510）時，譯出此經經文頗多，其經文已改為易讀之漢文。」1981 年，《華岡佛學學報》，第 5 期，頁 65，中華學術院佛學研究所，臺北，台灣。

[18] 無著菩薩造，〔隋〕達摩笈多譯《金剛般若論》，《大正藏》，第 25 冊。

[19] 〔唐〕玄奘譯《大般若波羅蜜多經》，第九會，《大正藏》，第 7 冊，卷 557。(以下將以「奘譯」簡稱之)

[20] 〔唐〕窺基大師著《金剛般若經贊述》卷 1:「于時帝問藏（指玄奘）云: 更有何善而可修耶？藏報云: 可執筆以綴般若。帝既許之，藏便譯出，其夜五更三點翻譯即了。帝索讀之，即遣所司寫一萬本。既不重綴詞句遂疎，後欲重譯無由，改採前布也。」《大正藏》，第 33 冊，卷 1，頁 125 中。

[21] 楊白衣〈金剛經之研究〉「『大般若波羅蜜多經第九會、能斷金剛分』一卷（第五七七卷），唐（六六〇—六六三年）玄奘譯。（大正藏、七、No.220.）重複很多（指《頻伽藏》的版本），為後代版本，接近梵本。依經錄，曾譯出二次，此為初譯，而第二次本已逸失。」1981 年，《華岡佛學學報》，

《佛說能斷金剛般若波羅蜜多經》:《大正藏》0239 版本[22]，文長 6102 字，是唐朝由我國留學印度歸來的義淨大師翻譯，約公元 703 年（武周長安年間）譯出。又名《名稱城本》，本文稱作「淨譯」。是已知的古代漢文譯本中最後的一個譯本。義淨大師是稍遲於玄奘大師五十年左右，到印度那爛陀寺學法的華籍高僧。這兩位譯本所表現的分別，甚可成為有趣的焦點作比較。

The Diamond Cutter：*The Sacred Books of the East*[23]的版本，Friedrich Max Müller 約於公元 1894 年前後譯出，本文稱作「M譯」。本版本是根據北京本（在北京印刷的赤字版）、西藏本 （梵文、西藏字音譯、西藏譯）、日本傳寫本（收於慈雲尊者之《梵學津梁》第 320 卷，與高貴寺伎人戒心師抄寫之寫本） ，並參照其他諸本，而由 Max Müller 出版。坊間有認為，若以今日觀點來看，本譯有種種不正確之處。

The Diamond Sutra[24] : *The Diamond Sutra and the Heart Sutra*[25]的版本，Edward Conze 約於公元 1960 年前後譯出，本文

第 5 期，頁 57-111，中華學術院佛學研究所，臺北，台灣。

[22] 〔唐〕義淨譯《佛說能斷金剛般若波羅蜜多經》，《大正藏》，第 8 冊。(以下將以「淨譯」簡稱之)

[23] Müller, Friedrich Max (1894): *The Sacred Books of the East*, Volume XLIX: Buddhist Mahāyāna Texts, Part II. Oxford University Press, 1894, London, UK. (以下將以「M 譯」簡稱之)

[24] 坊間亦有以《The Diamond Cutter》作經題的。

[25] Conze, Edward(1960), Buddhist Wisdom:*The Diamond Sutra and the Heart Sutra*, 2001, Random House, New York,U.S.A. (以下將以「C 譯」簡稱之)

稱作「C 譯」。Conze 氏可算是英文佛典的大譯經家，尤其是般若系的佛典，自 1951 年後的二十年間，Conze 氏翻譯過超過三十部般若系的佛典，當中便包括了《金剛經》及《心經》。本譯是根據 Conze 氏找到的梵文版本，而非漢藏文本，意譯為英文版的。

　　本文的研究範圍主要圍繞以上八譯中的差異點為主要的研究對象。

　　事實上，英譯本除 Müller 氏及 Conze 氏外，還有數家如 Josh Pritikin 氏、Charles Patton 氏、F.A. Price 氏等等版本。不過筆者認為 Müller 氏及 Conze 氏二者已具有相當代表性，皆因 Müller 氏本身是東方思想的權威研究者，在西方具有崇高聲望。下面文獻回顧裏所提及的蕭玫之論文：〈「應無所住而生其心」——從梵文原義到禪學新詮〉，便是引用 Müller 氏所整理的梵文本來做對比研究。而且 M 譯是前世紀屬西方世界較早期的譯本，從中可讓我們了解到當時西方對佛教思想的看法。而 Conze 氏是近年西方翻譯佛典的主要學者。他的譯文常被其他學者所引用，如下面文獻回顧裏所提及張宏實的《圖解金剛經》一書，便大量應用了 C 譯來進行對比；而且 C 譯是近代之作，當可讓我們看到它與一世紀前 M 譯的差別，使我們從其變化，明白到西方人如何理解佛法及其進展。本文應用了八譯，作用亦是為了研究其中的流變，看是否與派系代遷有關。

二、研究方法

本文的研究方法如下：

1、 以文本對比法，將八譯的每項差異點抽出，並以列表顯示及加上編號，方便討論；

2、 以法義的邏輯合理性，分析各項差異點的差異內涵、性質與原因。當中會參考各宗派古師的見解，做為佐證；

3、 對重要的差異點展開詳細的研究，內容主要圍繞派系義理對該項的影響；

4、 綜合以上，最後對問題做出整體回應並提出筆者的結論。

第三節　文獻回顧

從來對《金剛經》各譯進行全面並深入對比研究的，無論中外，實在不多。現就比較相關的幾則，概述如下：

一、高永霄，《金剛經六譯本的研究》[26]：

高氏從漢傳的六譯中，挑選了幾個部份來作出對比與論究，誠屬相關研究的第一人。高氏的觀點，從他文章中當可見端倪；譬如說：「金剛經六譯本差異的地方，與所用的梵本原文不同，

---

[26] 高永霄〈金剛經六譯本的研究〉，1980 年，分三期刊登於《香港佛教》，第 243 至 245 期。頁碼分別是(一)第 243 期的頁 3 至 8；(二)第 244 期的頁 6 至 13；(三)第 245 期的頁 9 至 12。《香港佛教》，正覺蓮社，香港。

是有莫大的關係。」[27]又如他對「相」、「想」、「想轉」的見解是：「什本……指整體……（但）後來之譯本……獨標其中之主要因素。這便是空有兩宗差別的所在了。」[28]而在最後的結論中，他說：「前者（指羅什）乃依經中的性空義，後者（指玄奘）乃據典中的妙有理而譯成是經。」[29]這種訴諸於思想乃至派系代遷，導致譯文差異的主張，實在是相當有意思。只可惜高氏文章的內容未能全面深入，尤其舉證時只有原文的列舉，卻欠缺審細的說明，致使每項結論總留有耐人尋味的感覺。或許就正如高氏自己所說的：「礙於篇幅關係，祇好從畧，待讀者自己去研究吧！」[30]但不論如何，高氏的主張相當有價值，與筆者的見解亦多有雷同之處。相信其中的缺點，本文將會為他作出相當的補充與論證。

二、楊白衣，《金剛經之研究》[31]：

　　楊氏的論文，原本是為說明大乘佛教初期居士佔主導地位而研究的。不過，楊氏卻用了一些篇幅列舉各譯之間的主要不同點出來，並加上淺析。譬如在「若以色見我」偈的四句與八句的疑問上，楊氏便說：「羅什認為以前四句反顯後四句即可，因此省

---

[27] 高永霄〈金剛經六譯本的研究〉，《香港佛教》，第 243 期，頁 5。
[28] 高永霄〈金剛經六譯本的研究〉，《香港佛教》，第 244 期，頁 12。
[29] 高永霄〈金剛經六譯本的研究〉，《香港佛教》，第 245 期，頁 12。
[30] 高永霄〈金剛經六譯本的研究〉，《香港佛教》，第 244 期，頁 13。
[31] 楊白衣〈金剛經之研究〉，1981 年，《華岡佛學學報》，第 5 期，頁 57-111，中華學術院佛學研究所，臺北，台灣。

略後四句。」[32]不過楊氏並未說明此是引述自清代沙門通理法師的見解而已[33]，未必就是羅什的本意！又例如在諦譯的起問部份，出現了有別於他本的「云何發起菩薩心？」[34]楊氏只解釋了一句：「這可能是真諦將降心誤譯為發心而來。」[35]這只能說是一種粗糙的猜測吧！發菩提心的梵語可以是 bodhicitta-samutpāda[36]；降伏心的梵語卻可以是 citta-pragrahītavya[37]。作爲西印度人的眞諦大師，眞的會出現誤譯嗎？筆者對此很有保留！不過，楊氏對古今中外一切有關《金剛經》的梵文古本、譯本、論註等等，皆做過一翻詳細的了解，並在論文中羅列了出來，實爲後人省卻不少整理功夫，理應嘉許。

---

[32] 楊白衣〈金剛經之研究〉，《華岡佛學學報》，第 5 期，頁 69。

[33] 〔清〕通理法師述《金剛新眼疏經偈合釋》：「魏本偈云：若以色見我，以音聲求我，乃至云：法體不可見，彼識不能知；共有八句。秦本唯取前四句，以八句中前四句反顯，後四句正明。餘四譯皆傚魏本。什師以反顯足明，故略後義。」《卍續藏》，第 25 冊，卷 1，頁 235 中。

[34] 〔陳〕真諦譯《金剛般若波羅蜜經》，《大正藏》，第 8 冊，卷 1，頁 762 上。

[35] 楊白衣〈金剛經之研究〉，《華岡佛學學報》，第 5 期，頁 69。

[36] Sanskirt Dictionary：" samutpāda = rise, production "；查詢時間：台灣 2015 年 11 月 10 日 09:12；網址：http://sanskritdictionary.com/。

[37] Sanskirt Dictionary：" pragrahītavya = to be controlled "；查詢時間：台灣 2015 年 11 月 10 日 09:25；網址：http://sanskritdictionary.com/。

三、張宏實，《圖解金剛經》 [38]：

這是一本解釋《金剛經》內名相與經文的專書，資訊性豐富。當中經常引用奘譯與 C 譯的見解，並對比張氏手上的梵本。其普遍的結論是：奘、C 二譯精準；什譯錯譯、欠譯之類。例如在「發菩提心」的起問上，張氏認為「*還可以找到更理想的譯法……（因為）梵本……是 bodhisattva-yana-samprasthiyena......即為『發心追求菩薩乘的人』*。」[39]張氏更說：「*鳩摩羅什都統一譯成了阿耨多羅三藐三菩提，讓讀者產生很大困擾。*」[40]因此，「*幾乎可以確認鳩摩羅什版要作適當的更正。*」[41]又例如「實相」與「實想」的差異，張氏依手上的梵本中 bhuta- samjñā，便判定 C 譯的 '*true perception*' 與奘譯的「真實想」「講得很清楚了」。[42]但這樣的結論，顯然是忽略了：1、唯識法相學中的「相」與「想」是要分別界定的。「想」作為「唯識百法」中「心所法」的一支，才是唯識家主要要處理的東西；所以經文有機會因此改成「想」；2、「實相」可以有多種梵文詞彙去表達，卻並非 bhuta-samjñā。如 Lamotte 在翻譯《智論》時，便使用了多個不同的梵文詞彙去翻譯「實相」[43]；所以，誰可保證什譯所用的底本，就是用上唯識

[38] 張宏實《圖解金剛經》，橡實文化，台灣，台北，2008 年 3 月。
[39] 張宏實《圖解金剛經》，橡實文化，頁 46。
[40] 張宏實《圖解金剛經》，橡實文化，頁 114。
[41] 張宏實《圖解金剛經》，橡實文化，頁 114。
[42] 張宏實《圖解金剛經》，橡實文化，頁 321。
[43] Étienne Lamotte: Translated from the French By Gelongma Karma Migme

家的用詞 samjñā？3、如依上面楊白衣的考證，《金剛經》的梵本便有多種，甚至有些是比較接近什譯的，如在「東土耳其的 Dandan Uiliq 發現，而由赫恩烈認定的梵文斷片，由 F. E. Pargiter 刊行，有若干缺漏。較現存之梵本簡潔，接近羅什羅本。」[44]因此又如何可以肯定張氏手上的梵本，就是最原始的版本了？張氏的這些問題，明顯都是因爲過份信賴手上的梵本所致。

四、蕭玫，《「應無所住而生其心」從梵文原義到禪學新詮》[45]：

蕭氏主要是利用 Max Müller 所編的梵本 *Vajracchedikā-prajñāpāramitā-sūtra* 中，羅什譯爲「應如是生清淨心」的梵文，與漢傳的六譯作出比對。蕭氏立論於 Max Müller 所編梵本的可靠性[46]，以及認爲什譯是「自由剪裁的意譯風格，

Chodron，*The Treatiseon the Great Virtue of Wisdom of Nāgārjuna (Mahāprajñāpāramitāśāstra)*："the Buddha wishes to teach the true nature (bhūtalakṣaṇa) of all dharmas(頁 37)......The true nature (tathatā), the nature of phenomena (dharmatā) (頁 47)......true natures (bhūtasvabhāva)(頁 49)..... the true Dharma (bhūtadharma) (頁 52)..... the true nature of the dharmas (dharmāṇāṃ satyalakṣaṇam) 57；what is the true nature (satyalakṣaṇa) of the dharmas(頁 60)....."，Vol. I，Chapters I-XV，2001，© Ani Migme (translator), Wisdom Library。可見 bhūtalakṣaṇa、tathatā、dharmatā、bhūtasvabhāva、bhūtadharma、dharmāṇāṃ satyalakṣaṇam、satyalakṣaṇa 均有可能被譯作「實相」。

[44] 楊白衣〈金剛經之研究〉，《華岡佛學學報》，第 5 期，頁 66。
[45] 蕭玫〈「應無所住而生其心」——從梵文原義到禪學新詮〉，2014 年，《正觀雜誌》，第 68 期，頁 5-37，正觀雜誌社，南投，台灣。
[46] 蕭玫〈「應無所住而生其心」——從梵文原義到禪學新詮〉:「學界最通行

使這……名句，最後竟異於原義……從而……演繹出『自性清淨』的如來藏義」[47]的前提假設，判定什譯不忠於梵文原典，近乎翻譯失真。[48]但正如筆者一直追問的，我們如何確定什譯所用的底本，與 Max Müller 所編梵本一致？再說，什譯的剪裁準則，只是因爲如《智論》序中所說的「梵文委曲……法師以秦人好簡故，裁而略之」[49]；但絕無理據證明羅什是會在決定翻譯一句時，連關鍵詞都刪減或改動。而且，「生清淨心」中的「生」字，已清晰界定「清淨心」是「生滅」法。這又如何會是蕭氏所想的「如來藏義」？《智論》中就出現過 26 次「清淨心」這詞彙，難道《智論》亦是弘揚「如來藏義」？「清淨心」的梵文是 viśuddha[50]-citta，在西晉的譯典中便已出現過這個詞彙[51]！可見類

之梵本《金剛經》係 Max Müller 所編......」，《正觀雜誌》，第 68 期，頁 8。

[47] 蕭玫〈「應無所住而生其心」——從梵文原義到禪學新詮〉，《正觀雜誌》，第 68 期，頁 5。

[48] 蕭玫〈「應無所住而生其心」——從梵文原義到禪學新詮〉：「Conze 英譯、南條文雄以降的七種日譯，率皆忠於梵文原典而異於什譯。然則，如果逕指鳩摩羅什的翻譯失真，則又不免失於苛刻。」《正觀雜誌》，第 68 期，頁 30。

[49] 龍樹菩薩造，〔後秦〕鳩摩羅什譯，僧叡法師序《大智度論》，《大正藏》，第 25 冊，卷 1，頁 57 中。

[50] 慈怡編《佛光大辭典》，1988 年 12 月二版，佛光出版社，台北，台灣(下同)，第五冊，頁 4667。

[51] 如〔西晉〕白法祖法師譯，《佛般泥洹經》，便有「清淨心」之說：「佛告諸比丘僧：淨心之法，思心智心，至無婬怒之態，得淨心之道，思心智心，即生思心之道，淨心智心，即開解智心之道，淨心思心即明。」《大正藏》，第 1 冊，卷 1，頁 57 中 166 上。

似以梵本直接對比的研究,在其前提處便有很多疑點,實是我們所必須知道的。

綜合而言,學術界以純粹文本對比的方法評定各譯的優劣,是有很大局限性,同時也是對譯者與譯本不公。既對佛教存在傷害,更令信眾與發心修行的佛子產生猶豫。因此,全面而深入的譯本對比,實刻不容緩。

第四節　論文架構

筆者的論證架構如下:

在第壹章,即本章「緒論」,先行概述本文的研究動機、研究目的、研究範圍、研究方法,然後再回顧有關文獻,檢視前人的研究成果與見解。

第貳及叁章「七十一項文本差異(前)與(後)」,我們會以學術界的一般作法,以文本對比,將八譯的各項差異用列表的方式呈現,並加上簡短的淺析。此將有助於俯瞰全部的差異點,並輕易掌握當中的來龍去脈,同時亦為往下的深論部份鋪路。

繼之,在第肆章「重要思想的演進」,我們會對重要的差異,如發菩提心與行菩薩乘、應無所住而生其心、「一切有為法」偈等等的八譯重要差別作出深論,藉此詳細窺探各譯重要的思想變動,明其背後推動力究屬為何。

在第伍章「義理以外的翻譯對比問題」,將會從其他角度,

討論與八譯有關的翻譯對比問題。這將詳述純粹文本對比的研究局限，以及派系代遷如何影響古代的譯本。推而廣之，或可為其他經典的研究，注入新的考量因素。

　　最後第陸章「結論」，我們將會為本文的問題，作一總結，並會為未來進一步的研究提出展望。

《金剛經》八譯的文本比較

第貳章　七十一項文本差異（前）

　　要研究譯本的思想背景，全面的文本對比，並進行必要的分析，實不可少，這亦是上舉文獻大多欠缺的。因此，本章會將《金剛經》各譯本的文本差異以列表方式依次羅列並作淺析。爲方便討論，筆者會爲每條給與編號（如 D01）；如遇多重問題，淺析中亦會以數字圈（如①）來分題，下文引用時便會以這些編號來代表。又，爲照顧某些讀者的需要，每一條的註腳處還會根據張宏實的《圖解金剛經》，以「昭一」的識別，註明一般坊本中昭明太子爲什譯所立的三十二分的分號。另外，爲節省篇幅，列表內將以單行顯示。還有是，爲保持英譯的原貌原意，如非討論上必要，筆者將不會爲英譯文翻譯成中文，以減低扭曲原意的機會。

　　對比八譯全部文字，排除了重覆出現的（如各譯對「我、人四相」的說法便經常重覆），共得 71 項差異點。今先列出前半部的 45 項文本差異如下：

D01[52]	什譯	《金剛般若波羅蜜經》
	支譯	《金剛般若波羅蜜經》
	諦譯	《金剛般若波羅蜜經》
	笈譯	《金剛能斷般若波羅蜜經》 （原經題為《金剛斷割般若波羅蜜經》[53]）
	奘譯	《大般若波羅蜜多經·第九能斷金剛分》
	淨譯	《佛說能斷金剛般若波羅蜜多經》
	M 譯	*The Diamond Cutter*
	C 譯	*The Diamond Sutra*（亦有名為 *The Diamond Cutter*）
	淺析	後三本漢譯和 M 譯，經題皆有「能斷」的用詞。C 譯在其序中，對梵語 Vajracchedikā Prajñāpāramitā，便解說爲「如雷霆能斷的圓滿智慧」[54]，故可知 C 譯亦屬意「能斷」的意思。然而，常言謂「能所雙亡」；若「所斷」不續存而「能斷」被強調近乎恆存，恐怕中觀家會不太同意。也許唯有「能斷」是意味著自在無盡的唯識四智[55]方可。此項在第肆章將再討論。

[52] D01：各譯的經題差異。什譯，頁 748 下、支譯，頁 752 下、諦譯，頁 762 上、笈譯，頁 766 下、奘譯，頁 980 上、淨譯，頁 771 下、M 譯，頁 111、C 譯，頁 9。

[53] 因為，無著菩薩造，〔隋〕笈多譯《金剛般若論》如此說：「《金剛斷割般若波羅蜜論》竟，阿僧伽作。」《大正藏》，第 25 冊，卷 2，頁 766 上。又，依〔唐〕智昇所編《開元釋教錄》所說：「初笈多翻金剛斷割般若波羅蜜經一卷……」《大正藏》，第 55 冊，卷 7，頁 522 中。

[54] C 譯，頁 10："The first is known in Sanskrit as the Vajracchedikā Prajñāpāramitā, the 'Perfection of Wisdom which cuts like a thunderbolt'."

[55] 親光菩薩等造，〔唐〕玄奘譯《佛地經論》，《大正藏》，第 26 冊，卷 7，頁 324 中。

D02[56]	什譯	（缺）
	支譯	（缺）
	諦譯	（缺）
	笈譯	（缺）
	奘譯	（缺）
	淨譯	及大菩薩眾[57]
	M 譯	with many noble-minded Bodhisattvas
	C 譯	and with many Bodhisattvas, great beings
	淺析	同聞眾，唯淨譯與二英譯有「菩薩」在場的描述。似乎是較近代的梵本才有的內容。此項在 D71 將再討論。

D03[58]	什譯	食時……食訖[59]
	支譯	食時……食訖[60]
	諦譯	於日前分……飯食事訖，於中後時 [61]
	笈譯	前分時……作已後食[62]
	奘譯	於日初分……飯食訖[63]
	淨譯	於日初分時……飯食訖[64]
	M 譯	in the forenoon......in the afternoon
	C 譯	Early in the morning......When he had eaten

---

[56] D02：昭一。M 譯，頁 111、C 譯，頁 21。
[57] 淨譯，頁 771 下。
[58] D03：昭一。M 譯，頁 112、C 譯，頁 21。
[59] 什譯，頁 748 下。
[60] 支譯，頁 752 下。
[61] 諦譯，頁 762 上。
[62] 笈譯，頁 766 下。
[63] 奘譯，頁 980 上。
[64] 淨譯，頁 771 下。

	淺析	除什、支二譯外，其餘五譯均記載有乞食的具體時間。諦譯與 M 譯更記載飯後的時間。這些都顯示了某些譯本對「不非時食戒」的重視，也可能反映著空宗的簡約扼要與唯識家的廣博仔細。[65]

D04[66]	什譯	（缺）
	支譯	端身而住，正念不動
	諦譯	端身而住，正念現前
	笈譯	直身作現前念近住
	奘譯	端身正願住對面念
	淨譯	端坐，正念而住
	M 譯	holding his body upright, and turning his reflection upon himself.
	C 譯	holding his body upright, and mindfully fixing his attention in front of him.
	淺析	眾譯皆有佛飯後坐時的身、意狀態描述，唯什譯缺。似顯示這些譯本較重視正念與坐禪等的修習方式，所謂瑜伽行，如唯識家所依《瑜伽師地論》所廣說。[67]

[65]〔隋〕吉藏大師《三論玄義》便有這個見解：「隨宜飲食者，時食佛亦許，非時食亦許。」《大正藏》，第 45 冊，卷 1，頁 9 上。但彌勒菩薩說，〔唐〕玄奘大師譯《瑜伽師地論》卻觀點不同：「復次由三因緣，具戒苾芻當知禁戒淨命圓滿。云何為三？一、所行圓滿；二、攝取圓滿；三、受用圓滿。……受用圓滿者，謂衣僅蔽身，食纔充腹，便生喜足，於餘長物，非時食等，皆悉遠離。」《大正藏》，第 30 冊，卷 98，頁 861 下。

[66] D04：昭一。支譯，頁 752 下、諦譯，頁 762 上、笈譯，頁 766 下、奘譯，頁 980 上、淨譯，頁 771 下、M 譯，頁 112、C 譯，頁 21。

[67]（一）《瑜伽師地論》：「由聞思修增上力故，獲得正念；為欲令此所得正

D05[68]	什譯	（缺）
	支譯	爾時，諸比丘來詣佛所，到已，頂禮佛足，右遶三匝，退坐一面。
	諦譯	時諸比丘俱往佛所，至佛所已，頂禮佛足，右遶三匝，却坐一面。
	笈譯	爾時，多比丘若世尊彼詣到已，世尊兩足頂禮，世尊邊三右繞作已，一邊坐。彼復時，命者善實，彼所如是眾聚集會坐。
	奘譯	時，諸苾芻來詣佛所，到已頂禮世尊雙足，右遶三匝退坐一面，具壽善現亦於如是眾會中坐。
	淨譯	時諸苾芻來詣佛所，頂禮雙足，右繞三匝，退坐一面。
	M 譯	Then many Bhikshus approached to where Bhagavat was, saluted his feet with their heads, turned three times round him to the right, and sat down on one side. At that time again the venerable Subhûti came to that assembly and sat down.
	C 譯	Then many monks approached to where the Lord was, saluted his feet with their heads, thrice walked round him to the right, and

念無忘失故、能趣證故、不失壞故，於時時中，即於多聞、若思、若修，正作瑜伽。」《大正藏》，第 30 冊，卷 23，頁 406 中。(二)《瑜伽師地論》：「汝應速疾不捨所緣，結跏趺坐，於奢摩他、毘鉢舍那，如所取相，由恒常作，及畢竟作，修瑜伽行。」卷 32，頁 462 下。

[68] D05：昭一。支譯，頁 752 下、諦譯，頁 762 上、笈譯，頁 766 下、奘譯，頁 980 上、淨譯，頁 771 下、M 譯，頁 112、C 譯，頁 21 至 22。

		sat down on one side. At that time the Venerable Subhuti came to that assembly, and sat down.
	淺析	除什譯缺外,他譯均說明了比丘們來見佛陀時的尊重等情。笈、奘、M、C四譯更特別提及須菩提也在場。D04 與 D05 皆顯示著各譯對「無相」與「有相」的處理差別。偏重「無相」為宗義的,以「無相」教示眾生;偏重「有相」為宗義的,將具體行為說明清楚來教示眾生。這無疑是空、有二宗的偏重不同。
D06[69]	什譯	如來善護念諸菩薩,善付囑諸菩薩。
	支譯	如來、應供、正遍知,善護念諸菩薩,善付囑諸菩薩。
	諦譯	希有,世尊!如來、應供、正遍覺知,善護念諸菩薩摩訶薩,由無上利益故;善付囑諸菩薩摩訶薩,由無上教故。
	笈譯	乃至所有如來、應、正遍知,菩薩摩訶薩順攝,最勝順攝;乃至所有如來、應、正遍知,菩薩摩訶薩付囑,最勝付囑。
	奘譯	乃至如來、應、正等覺,能以最勝攝受,攝受諸菩薩摩訶薩,乃至如來、應、正等覺,能以最勝付囑,付囑諸菩薩摩訶薩。
	淨譯	如來應正等覺,能以最勝利益,益諸菩薩;

---

[69] D06:昭二。什譯,頁 748 下、支譯,頁 752 下、諦譯,頁 762 上、笈譯,頁 766 下、奘譯,頁 980 上、淨譯,頁 772 上、M 譯,頁 112 至 113、C 譯,頁 22。

		能以最勝付囑，囑諸菩薩。
	M譯	how much the noble-minded Bodhisattvas have been favoured with the highest favour by the Tathâgata, the holy and fully enlightened! It is wonderful how much the noble-minded Bodhisattvas have been instructed with the highest instruction by the Tathâgata, the holy and fully enlightened!
	C譯	how much the Bodhisattvas, the great beings, have been helped with the greatest help by the Tathagata, the Arhat, the Fully Enlightened One. It is wonderful, O Lord, how much the Bodhisattvas, the great beings, have been favoured with the highest favour by the Tathagata, the Arhat, the Fully Enlightened One.
	淺析	①首三譯皆說「善護念」，依《小品》即是教菩薩六波羅蜜，尤是般若波羅蜜的空法。[70]餘五譯可統一說為奘譯的用詞「攝受」之意；依無著《論》即是利樂與相應有情的攝化。[71]可見首三譯直指般若空觀的應

---

[70]〔後秦〕鳩摩羅什譯《小品般若波羅蜜經》:「世尊！我當報佛恩。如過去諸佛及諸弟子教，如來住空法中亦教學諸波羅蜜。如來學是法，得阿耨多羅三藐三菩提。世尊！我今亦當如是護念諸菩薩。以我護念因緣故，諸菩薩當疾得阿耨多羅三藐三菩提。」《大正藏》，第8冊，卷1，頁540上。
[71] 無著菩薩造，〔隋〕達摩笈多譯《金剛般若波羅蜜經論》:「於諸菩薩所，何者善攝？何者第一也？利樂相應為善攝第一，有六種應知……」《大正藏》，第25冊，卷1，頁767下。

		用，偏屬空宗的思想；後五譯即廣及一切利他行，作爲補充偏空的一種進化。 ②「付囑」表示了是語言上的說明。前七譯都以善付囑來表示其「言教」的性質。唯 C 譯的'have been favoured' （意謂：獲得恩惠），則似乎未脫奘譯「攝受」的範疇。
D07[72]	什譯	善男子、善女人，發阿耨多羅三藐三菩提心，應云何[73]住？云何降伏其心？
	支譯	云何菩薩大乘中，發阿耨多羅三藐三菩提心？應云何住？云何修行？云何降伏其心？
	諦譯	若善男子、善女人，發阿耨多羅三藐三菩提心，行菩薩乘，云何應住？云何修行？云何發起菩薩心？
	笈譯	菩薩乘發行住應？云何修行應？云何心降伏應？
	奘譯	諸有發趣菩薩乘者，應云何住？云何修行？云何攝伏其心？
	淨譯	若有發趣菩薩乘者，云何應住？云何修行？云何攝伏其心？
	M 譯	How then......should the son or the daughter of a good family, after having entered on the path of the Bodhisattvas, behave, how

[72] D07：昭二。什譯，頁 748 下、支譯，頁 752 下、諦譯，頁 762 上、笈譯，頁 767 上、奘譯，頁 980 上、淨譯，頁 772 上、M 譯，頁 113、C 譯，頁 22。

[73] 什譯：「應云何＝云何應【明】」，頁 748，註腳。

		should he advance, and how should he restrain his thoughts?
	C 譯	How then, O Lord, should a son or daughter of good family, who have set out in the Bodhisattva-vehicle, stand, how progress, how control their thoughts?
	淺析	①什譯中的主語「善男子、善女人」，諦、M、C 三譯皆一致譯出；支譯直接以「菩薩大乘」作一氣呵成的取代；笈譯做爲直譯卻完全隱沒了主語；奘譯與淨譯則以「者」字代替。 ②首三譯皆以「發菩提心」爲起問前提；但支譯加上「菩薩大乘中」做前提；諦譯則加入「行菩薩乘」爲前提。笈譯以降，五譯皆棄用發菩提心，只保留菩薩乘的發趣做前提。當中，M 譯又疑是以「菩薩道」的形式表達而非「菩薩乘」。 ③巧合的是，有以大乘或菩薩乘做前提的譯本，均多加了「云何修行」的問題，什譯則缺。 ④八譯中僅諦譯不問降伏心而問「發起菩薩心」。 這部份是八譯的核心差異，特別是與昭十七的第二問有何差異的問題，情況複雜，第肆章將作詳論。

D08[74]	什譯	諸菩薩摩訶薩應如是降伏其心

---

[74] D08：昭三。什譯，頁 749 上、支譯，頁 753 上、諦譯，頁 762 中、笈

	支譯	諸菩薩生如是心
	諦譯	善男子、善女人，發菩提心，行菩薩乘，應如是發心
	笈譯	菩薩乘發行，如是心發生應
	奘譯	諸有發趣菩薩乘者，應當發趣如是之心
	淨譯	若有發趣菩薩乘者，當生如是心
	M譯	Any one, O Subhûti, who has entered here on the path of the Bodhisattvas must thus frame his thought
	C譯	someone who has set out in the vehicle of a Bodhisattva should produce a thought in this manner
	淺析	①什譯中，須菩提問句的主語是「善男子、善女人」，但佛這裏回答的主語變成「諸菩薩摩訶薩」。他譯卻是須菩提用甚麼主語，佛便承接用甚麼主語。②什譯的「降伏其心」，他譯均變作「生如是心」之類的表達。則須菩提問句中的「云何降伏其心」，他譯均沒有承接回答。這一整段與D07有何關聯？與昭十七的回答又有何異？當於第肆章一併詳論。

D09[75]	什譯	（缺）
	支譯	所有眾生界，眾生所攝

譯，頁767上、奘譯，頁980中、淨譯，頁772上、M譯，頁113、C譯，頁25。

[75] D09：昭三。支譯，頁753上、諦譯，頁762中、笈譯，頁767上、奘譯，頁980中、淨譯，頁772上、M譯，頁113至114、C譯，頁25。

	諦譯	乃至眾生界，及假名說
	笈譯	所有眾生界施設[76]已
	奘譯	乃至有情界施設所施設
	淨譯	盡諸世界所有眾生
	M 譯	as far as any known world of beings is known
	C 譯	as far as any conceivable form of beings is conceived
	淺析	「非有想非無想」一句後，各譯都有一句補語，唯什譯缺。按窺基大師意，此句作用僅為凸顯佛法所要度者，唯是有情眾生而已[77]。然而，從支譯「眾生所攝」的表達方式，經諦譯的「假名說」，及至笈、奘二譯的「施設」與「所施設」，明顯瑜伽行派的色彩漸增濃厚。而且，若以「二無我」去看，這裏的二句，便有前句說「人我」，後句說「法我」的隱意。

D10[78]	什譯	若菩薩有我相、人相、眾生相、壽者相，即非菩薩。

---

[76] 彌勒菩薩說，〔唐〕玄奘譯《瑜伽師地論》：「施設者，謂由語及欲，次第編列名句文身。」《大正藏》，第 30 冊，卷 83，頁 763 中。

[77] 〔唐〕窺基大師《金剛般若論會釋》：「唯說若有內五蘊者以為有情。能施設者佛也，正施設體名所施設。有情之體皆欲之，非度外道所說有情諸草木等亦欲令其入涅槃也，是此中意。」《大正藏》，第 40 冊，卷 1，頁 728 中。

[78] D10：昭三。什譯，頁 749 上、支譯，頁 753 上、諦譯，頁 762 中、笈譯，頁 767 上、奘譯，頁 980 中、淨譯，頁 772 上、M 譯，頁 114、C 譯，頁 25。

	支譯	須菩提！若菩薩有眾生相，即非菩薩。何以故非？須菩提！若菩薩起眾生相、人相、壽者相，則不名菩薩。
	諦譯	一切菩薩，無我想、眾生想、壽者想、受者想。
	笈譯	不彼……菩薩名說應，若眾生想轉，壽想若、人想若轉。
	奘譯	言有情想轉。如是命者想、士夫想、補特伽羅想、意生想、摩納婆想、作者想、受者想轉，當知亦爾。何以故？善現！無有少法名為發趣菩薩乘者。
	淨譯	若菩薩有眾生想者，則不名菩薩。所以者何？由有我想、眾生想、壽者想、更求趣想故。
	M 譯	no one is to be called a Bodhisattva, for whom there should exist the idea of a being, the idea of a living being, or the idea of a person.
	C 譯	He is not to be called a Bodhi-being, in whom the notion of a self or of a being should take place, or the notion of a living soul or of a person.
	淺析	什譯的四相，各譯均有不同，由三相至八相都有，內容亦不一。另外，從「相」字演變成「想」，後再演變成「想轉」，當中亦有義理上的差異。這些差別第肆章均會詳論。

D11[79]	什譯	菩薩於法，應無所住，行於布施，……菩薩應如是布施，不住於相。
	支譯	菩薩不住於事行於布施，無所住行於布施，……菩薩應如是布施，不住於相想。
	諦譯	菩薩不著己類而行布施，不著所餘行於布施，……菩薩應如是行施，不著相想。
	笈譯	不菩薩摩訶薩事住施與應，無所住施與應，……菩薩摩訶薩施與應，如不相想亦住。
	奘譯	菩薩摩訶薩不住於事應行布施，都無所住應行布施；……如是菩薩摩訶薩如不住相想應行布施。
	淨譯	菩薩不住於事，應行布施。不住隨處，應行布施。……菩薩如是布施，乃至相想，亦不應住。
	M 譯	a gift should not be given by a Bodhisattva, while he believes in objects; a gift should not be given by him, while he believes in anything; ...... should a gift be given by a noble-minded Bodhisattva, that he should not believe even in the idea of cause.
	C 譯	a Bodhisattva who gives a gift should not be supported by a thing, nor should he be supported anywhere. ...... the Bodhisattva, the great being should give gifts in such a

---

[79] D11：昭四。什譯，頁 749 上、支譯，頁 753 上、諦譯，頁 762 中、笈譯，頁 767 上、奘譯，頁 980 中、淨譯，頁 772 上、M 譯，頁 114、C 譯，頁 26。

		way that he is not supported by the notion of a sign.
	淺析	不論那一譯，前後兩段所要不住的內容並不相同。如什譯，前段是「於法」，後段是「於相」。什譯前段的「於法」，他譯又以「事」與「所餘」或「隨處」等名相去表述。其中分別當在第肆章另作詳論。

D12[80]	什譯	福德
	支譯	福德聚
	諦譯	福德聚
	笈譯	福聚
	奘譯	福德聚
	淨譯	福聚
	M 譯	stock of merit
	C 譯	the heap of merit
	淺析	在什譯「功德」一詞未出現前，各譯所指的「福德（聚）」，皆是布施所得果報上的福利。除什譯外，七譯都有「聚」的意思。然而，可數可量的有形福利，可以「積聚」去理解；但無形福利，譬如能更容易明白佛法之類，難數難量，「聚」字又應作何解？可見不同於他譯的什譯，僅以「福德」二字涵蓋有形無形，實與一般的思考、語言、習慣吻合，更能與後續經文「不可思量」相互呼應。

---

[80] D12：昭四。什譯，頁 749 上、支譯，頁 753 上、諦譯，頁 762 中、笈譯，頁 767 上、奘譯，頁 980 中、淨譯，頁 772 上、M 譯，頁 114、C 譯，頁 26。

D13[81]	什譯	菩薩但應如所教住。
	支譯	菩薩但應如是行於布施。
	諦譯	（缺）
	笈譯	如是菩薩乘發行施與應，如不相想亦住。
	奘譯	菩薩如是如不住相想應行布施。
	淨譯	（缺）
	M 譯	should one who has entered on the path of Bodhisattvas give a gift, that he should not believe even in the idea of cause.
	C 譯	That is why, Subhuti, those who have set out in the Bodhisattva-vehicle, should give gifts without being supported by the notion of a sign.
	淺析	①這裏可分為三類去說：什、支二譯算作一類，可說是強調「菩薩但應如是住」，當中「如」的意義較重要，它並沒有為「住」下一個固定的準則，或許一個固定的準則，便不是「如」，便有所住了。這與後續「不住法、非法」的理路吻合。笈、奘、C、M 四譯可算作另一類，是在「如」以外，更強調「不住相想」的。比起前面一類，「住」的準則較狹窄地固定了下來。相信是有些實在的東西無須不住吧，如圓成實！第三類，當然就是完全沒有描述的諦、淨二譯了。是欠譯了嗎？還是另有原因？往下偶

---

[81] D13：昭四。什譯，頁 749 上、支譯，頁 753 上、諦譯，頁 762 中、笈譯，頁 767 上、奘譯，頁 980 中、淨譯，頁 772 上、M 譯，頁 115、C 譯，頁 27。

		爾會見到，當「有、無」的矛盾出現時，特別是淨譯，便會以「缺」來應對。 ②還應注意 M 譯的 'even in the idea of cause'（意謂：即使是「因」的相想）。佛教重視因果，如果「因」確實是在其底本上出現的話，這便是徹底無住。

D14[82]	什譯	可以身相見如來不？
	支譯	可以相成就見如來不？
	諦譯	可以身相勝德見如來不？
	笈譯	相具足如來見應？
	奘譯	可以諸相具足觀如來不？
	淨譯	可以具足勝相觀如來不？
	M 譯	should a Tathâgata be seen (known) by the possession of signs?
	C 譯	can the Tathagata be seen by the possession of his marks?
	淺析	①什譯的「身相」，除諦譯也有譯出「身」之外，他譯都僅譯出「相」。這與後半部 D54（昭二十）頗有關係，自當後述。 ②什譯單純的「身相」，他譯均有額外的修飾，如「勝德」、「具足」、「具足勝」、'possession of his marks'（意謂：他所擁有的種種標記）等等。這些修飾揭示著此段經文與前段的「福德」關係非淺！也是古

---

[82] D14：昭五。什譯，頁 749 上、支譯，頁 753 上、諦譯，頁 762 中、笈譯，頁 767 中、奘譯，頁 980 中、淨譯，頁 772 上、M 譯，頁 115、C 譯，頁 28。

來釋經者少有論及的。不過本文非專為釋經而寫，故從略。（按：這裏與各譯後續所說「如來所說身相即非身相」時的差別相同，故不另立別條。）

③奘、淨二譯以「觀」代替他譯的「見」，兩字含意可同可不同。譬如，「觀」可以有毗婆舍那之意，偏近修行；但「見」則無此意，甚至是指智慧的直見，不經觀行。奘、淨二譯究竟又作何解？是否依無著《論》的見解，為「相應三昧及攝亂心」[83]，而起毗婆舍那的意思？

D15[84]	什譯	凡所有相，皆是虛妄。若見諸相非相，則見如來。
	支譯	凡所有相，皆是妄語。若見諸相非相，則非妄語。如是諸相非相，則見如來。
	諦譯	凡所有相，皆是虛妄。無所有相，即是真實。由相無相，應見如來。
	笈譯	相具足，所有妄，所有不相具足，所有不妄，名此相不相如來見應。
	奘譯	乃至諸相具足皆是虛妄，乃至非相具足皆非虛妄，如是以相、非相應觀如來。
	淨譯	所有勝相，皆是虛妄。若無勝相，即非虛

---

[83] 無著菩薩造，〔隋〕笈多大師譯《金剛般若波羅蜜經論》：「經言：如是諸相非相，則見如來者，此為顯現，謂相應三昧及攝亂心時，於彼相中非相見故。」《大正藏》，第 25 冊，卷 1，頁 769 下。

[84] D15：昭五。什譯，頁 749 上、支譯，頁 753 上、諦譯，頁 762 中、笈譯，頁 767 中、奘譯，頁 980 下、淨譯，頁 772 中、M 譯，頁 115、C 譯，頁 28。

		妄。是故應以勝相無相觀於如來。
	M譯	Wherever there is...... the possession of signs, there is falsehood; wherever there is no possession of signs, there is no falsehood. Hence the Tathâgata is to be seen (known) from no-signs as signs.
	C譯	Wherever there is possession of marks, there is fraud, wherever there is no-possession of no-marks there is no fraud. Hence the Tathagata is to be seen from no marks as marks.
	淺析	什譯首先界定「凡所有相，皆是虛妄」的理，再馬上說明依此理而下手的旨趣就是「若見諸相非相，則見如來」。這是二諦（世俗諦與勝義諦）二分的寫法，近於中觀家。餘七譯是三分的寫法。譬如諦譯，先說明「凡所有相，皆是虛妄」是有漏之理，再以「無所有相，即是真實」說明緣起無性之理，最後「由相無相」做爲從有漏修行至緣起無性的觀行手段，達到「應見如來」的無漏目的。具次第性的是三分的寫法，鈍根亦容易掌握些。如以唯識學的三性說來與此三分寫法比較的話，「遍計所執性」與有漏之理相當；「依他起性」，與緣起無性之理相配；「圓成實性」則藉「由相無相」的觀智，而悟入如來無漏境界以達成。這實是難得的吻合！

D16[85]	什譯	頗有眾生，得聞如是言說章句，生實信不？
	支譯	頗有眾生，於未來世末世，得聞如是修多羅章句，生實相不？
	諦譯	於今現時及未來世，頗有菩薩聽聞正說如是等相此經章句，生實想不？
	笈譯	頗有眾生，當有未來世，後時、後長時、後分五百，正法破壞時中，轉時中，若此中，如是色類經中說中，實想發生當有？
	奘譯	頗有有情於當來世，後時、後分、後五百歲，正法將滅時分轉時，聞說如是色經典句生實想不？
	淨譯	頗有眾生，於當來世，後五百歲，正法滅時，聞說是經，生實信不？
	M 譯	will there be any beings in the future, in the last time, in the last moment, in the last 500 years, during the time of the decay of the good Law, who, when these very words of the Sûtras are being preached, will frame a true idea?
	C 譯	Will there be any beings in the future period, in the last time, in the last epoch, in the last 500 years, at the time of the collapse of the good doctrine who, when these words of the Sutra are being taught, will understand their truth?

---

[85] D16：昭六。什譯，頁 749 上、支譯，頁 753 上、諦譯，頁 762 中、笈譯，頁 767 中、奘譯，頁 980 下、淨譯，頁 772 中、M 譯，頁 115 至 116、C 譯，頁 28。

	淺析	①此問句中的時間觀念，什譯缺，似乎是支譯開始才加進去，然後再一直開展的。看支、諦二譯，本意是「從現在起及至未來」，這還好理解。但笈譯始，這個「未來」便又收窄爲「正法破壞時」，按經文就是佛滅後的最後 500 年再無正法之時。這種描述，因經典對正、像、末三法時期的記載不盡相同，便需要人們猜想了。大抵，距離佛滅越遠，是否仍然有修行者能夠「生實相」的疑慮便會越強，這樣的推斷應是合理的吧！因此，時間便越來越成爲考慮的要素，而要納入問題裏去。 ②什譯的「生實信」，除淨譯與 C 譯的'understand their truth'（意謂：明白它們的眞相）外，他譯都以「生實相」、「生實想」、'frame a true idea' 之類去形容。「信」與'their truth' 具有對外認同的成份；但「想」等等則偏向描述純粹內在的心理建構較多了。若說這是「唯識所現」[86]的基本論調，也不爲過。
D17[87]	什譯	如來滅後，後五百歲，有持戒修福者……

---

[86] 〔唐〕玄奘譯《瑜伽師地論》：「諸毘鉢舍那三摩地所行影像，彼與此心當言有異？當言無異？善男子，當言無異。何以故？由彼影像唯是識故，善男子，我說識所緣唯識所現故。」《大正藏》，第 30 冊，卷 77，頁 724 上。

[87] D17：昭六。什譯，頁 749 上、支譯，頁 753 上、諦譯，頁 762 下、笈譯，頁 767 中、奘譯，頁 980 下、淨譯，頁 772 中、M 譯，頁 116 至 117、C 譯，頁 30 至 31。

		乃至一念生淨信者。
	支譯	有未來世末世，有菩薩摩訶薩，法欲滅時，有持戒修福德智慧者……乃至一念能生淨信。
	諦譯	於未來世，後五百歲，正法滅時，有諸菩薩摩訶薩，持戒修福及有智慧……乃至一念生實信者。
	笈譯	當有未來世，菩薩摩訶薩，後分五百，正法破壞時中，轉時中，戒究竟、功德究竟、智慧究竟……一心淨信亦得當。
	奘譯	有菩薩摩訶薩於當來世，後時、後分、後五百歲，正法將滅時分轉時，具足尸羅、具德、具慧……當得一淨信心。
	淨譯	當來之世，有諸菩薩，具戒具德具慧……是人乃能於此經典生一信心。
	M譯	there will be noble-minded Bodhisattvas, in the future, in the last time, in the last moment, in the last 500 years, during the decay of the good Law, there will be strong and good and wise beings, ...will obtain one and the same faith.
	C譯	For even at that time, ... there will be Bodhisattvas who are gifted with good conduct, gifted with virtuous qualities, gifted with wisdom, ...will find even one single thought of serene faith.
	淺析	①時間的描述，上一條已有淺論，茲不再述。唯什譯在此佛的回答上，也加入了時

	間，相信是要表示佛的智慧通徹未來，有疑的阿羅漢無可比擬，同時亦起增強眾生信心的作用。②什譯的「持戒修福」兩項，他譯是「持戒、福德、智慧」三項，多了「智慧」。「持戒修福」是事相上可見的行為，是因智慧能夠破除世俗執著後的結果；而「智慧」卻不可見。但為清晰定義起見，將「智慧」施設安立，自有其菩薩道教育上的需要，同時亦再次暗示譯本處理「無相」與「有相」的差異。③不同於上一條，此處八譯都共同以「生信」來說明一念或一心淨信（梵：eka citta prasâda）[88]的境界。一心，與心一境性（梵：cittaikāgratā）[89]同指三昧的證得。若依二乘，須從三昧出方可修觀智；但大乘卻認為觀智即可入三昧，無須分隔二者。能確實通過大乘的理論實踐而親證一心的人，自然對大乘「見諸相非相，則見如來」之理，充滿淨信與實信，再沒懷疑。

	什譯	如來悉知悉見，是諸眾生
D18[90]	支譯	如來悉知是諸眾生，如來悉見是諸眾生
	諦譯	如來悉知是人，悉見是人

---

[88] 參見 M 譯，頁 117 中的註腳 1。

[89] 《佛光大辭典》，第二冊，頁 1391。

[90] D18：昭六。什譯，頁 749 中、支譯，頁 753 中、諦譯，頁 762 下、笈譯，頁 767 中、奘譯，頁 980 下、淨譯，頁 772 中、M 譯，頁 117、C 譯，頁 31。

笈譯	知彼……如來佛智；見彼……如來佛眼
奘譯	如來以其佛智悉已知彼，如來以其佛眼悉已見彼
淨譯	如來悉知是人，悉見是人
M譯	They are known......by the Tathâgata through his Buddha-knowledge; they are seen......by the Tathâgata through his Buddha-eye; they are understood......by the Tathâgata.
C譯	Known they are......to the Tathagata through his Buddha cognition, seen they are......by the Tathagata with his Buddha-eye, fully known they are......to the Tathagata.
淺析	關於「佛智」與「佛眼」，什、支、諦、淨四譯皆缺。張宏實的《圖解金剛經》便批評過什譯「省略了部分翻譯」[91]，不及奘、C 二譯的「精準」。[92]但若考查古籍，當見不論是無著《論》[93]或世親《論》[94]，均無引述「佛智」與「佛眼」的經文；更無論及「佛智」與「佛眼」的問題。但傳爲世親弟子的金剛仙論師所造《金剛仙論》，雖然在引述經文的地方也沒有提及「佛智」與「佛眼」，但在釋論部份卻有一句說：「今

[91] 張宏實《圖解金剛經》，頁 249，橡實文化，台灣，台北，2008 年 3 月。
[92] 張宏實《圖解金剛經》，頁 341，橡實文化，台灣，台北，2008 年 3 月。
[93] 無著菩薩造，〔隋〕達摩笈多譯《金剛般若波羅蜜經論》，《大正藏》，第 25 冊。
[94] 天親菩薩造，〔元魏〕菩提流支譯《金剛般若波羅蜜經論》，《大正藏》，第 25 冊。

		言悉知者，以現智知；悉見者，以佛眼見也。」[95]因此可以相信，《金剛經》當在金剛仙前後的某一時期，才因為瑜伽行派自家解經的需要，加入「佛智」與「佛眼」於句中。故絕不能說是羅什欠譯或欠準！此條亦明顯證明瑜伽行派確實曾對經文做出過改動。往下相同的地方，茲不再述。
D19[96]	什譯	是諸眾生無復我相、人相、眾生相、壽者相。無法相，亦無非法相。
	支譯	是諸菩薩，無復我相、眾生相、人相、壽者相。須菩提！是諸菩薩，無法相，亦非無法相。無相，亦非無相。
	諦譯	是諸菩薩無復我想、眾生想、壽者想、受者想。是諸菩薩無法想非無法想，無想非無想。
	笈譯	彼等菩薩摩訶薩我想轉，不眾生想、不壽想、不人想轉。不亦彼等，善實！菩薩摩訶薩，法想轉，無法想轉；不亦彼等，想、無想轉不。
	奘譯	彼菩薩摩訶薩無我想轉，無有情想、無命

[95] 天親菩薩造，金剛仙論師釋，〔元魏〕菩提流支譯《金剛仙論》：「未知此二人(指持戒與修福二種人)，為決定能信此經？為不能信？故佛答如來悉知見是諸眾生，明如來自云我是一切種智人，凡有所說，此了了知，終不虛說，汝等應信我語，勿生疑也。今言悉知者，以現智知；悉見者，以佛眼見也。」《大正藏》，第25冊，卷3，頁813上。
[96] D19：昭六。什譯，頁749中、支譯，頁753中、諦譯，頁762下、笈譯，頁767中、奘譯，頁980下、淨譯，頁772中、M譯，頁117、C譯，頁33。

		者想、無士夫想、無補特伽羅想、無意生想、無摩納婆想、無作者想、無受者想轉。善現！彼菩薩摩訶薩無法想轉、無非法想轉，無想轉亦無非想轉。
	淨譯	由彼菩薩，無我想、眾生想、壽者想、更求趣想。彼諸菩薩，非法想，非非法想，非想，非無想。
	M 譯	there does not exist in those noble-minded Bodhisattvas the idea of self, there does not exist the idea of a being, the idea of a living being, the idea of a person. Nor does there exist, O Subhûti, for these noble-minded Bodhisattvas the idea of quality (dharma), nor of no-quality. Neither does there exist, O Subhûti, any idea (samgñâ) or no-idea.
	C 譯	in these Bodhisattvas (1) no perception of a self takes place, (2) no perception of a being, (3) no perception of a soul, (4) no perception of a person. Nor do these Bodhisattvas have (5) a perception of a dharma, or (6) a perception of a no-dharma. (7) No perception or (8) non-perception takes place in them.
	淺析	①前已論及各譯「四相」的差異，茲不再論。②什譯的「無復四相，無法相，亦無非法相」，理論上是為前面「諸相非相」下定義用的。本來此三句式，能、所之相已然併銷；不過，他譯還是多加了兩句，如諦譯

51

		的「無想，非無想」，成五句式。據無著，這兩句是爲對治修行禪定時的兩種邪取：「世間共想定」與「無想定」，而說的。[97]如此便要問，這兩種邪取是否法相所攝？若是，從理上講「無法相，亦無非法相」便應足夠應付。再說，經文一直討論著布施如何結合般若，以「見諸相非相」，何以忽然會跳去討論禪定？因此，可見這兩句實是爲了重視修行禪定的人而別說的，更是爲具有「唯識所現」[98]與「唯識無境」[99]等教理的唯識家瑜伽師所別說的。餘下同類，茲不再論。
D20[100]	什譯	是諸眾生，若心取相，則爲著我、人、眾生、壽者。若取法相，即著我、人、眾生、

[97] 無著菩薩造，〔唐〕笈多大師譯《金剛般若波羅蜜經論》：「經言『是諸菩薩無復我相、眾生相』，乃至『若是菩薩有法想，即著我相、人相、眾生相、壽者相』者，此顯示實想，對治五種邪取故。何者五邪取？一、外道，二、內法凡夫及聲聞，三、增上慢菩薩，四、世間共想定，五、無想定。第一者，我等想轉。第二，法相轉。第三者，無淨想轉，此猶有法取。有法取者，謂取無法故。第四者，有想轉。第五者，無想轉。是諸菩薩於彼皆不轉也，此中顯了有戒乃至當生無量福聚等。」《大正藏》，第 25 冊，卷 1，頁 770 中。

[98] 《瑜伽師地論》：「我說識所緣唯識所現故。」《大正藏》，第 30 冊，卷 77，頁 724 上。

[99] 護法等菩薩造，〔唐〕玄奘大師譯《成唯識論》：「成就四智菩薩，能隨悟入唯識無境。」《大正藏》，第 31 冊，卷 7，頁 39 上。

[100] D20：昭六。什譯，頁 749 中、支譯，頁 753 中、諦譯，頁 762 下、笈譯，頁 767 中、奘譯，頁 980 下、淨譯，頁 772 中、M 譯，頁 118、C 譯，頁 34。

		壽者。何以故？若取非法相，即著我、人、眾生、壽者。是故不應取法，不應取非法。以是義故，如來常說：汝等比丘，知我說法，如筏喻者，法尚應捨，何況非法！
	支譯	是諸菩薩，若取法相，則為著我、人、眾生、壽者。須菩提！若是菩薩有法相，即著我相、人相、眾生相、壽者相。何以故？須菩提！不應取法，非不取法。以是義故，如來常說栰喻法門，是法應捨，非捨法故。
	諦譯	是諸菩薩若有法想，即是我執，及眾生、壽者、受者執。須菩提！是故菩薩不應取法，不應取非法。為如是義故，如來說：若觀行人，解筏喻經，法尚應捨，何況非法！
	笈譯	彼等菩薩摩訶薩法想轉，彼如是，彼等我取有，眾生取、壽取、人取有；若無法想轉，彼如是，彼等我取有，眾生取、壽取、人取有。彼何所因？不，復次時，善實！菩薩摩訶薩法取應，不非法取應。彼故此義意，如來說筏喻，法本解法，如是捨應，何況非法！
	奘譯	若菩薩摩訶薩有法想轉，彼即應有我執、有情執、命者執、補特伽羅等執。若有非法想轉，彼亦應有我執、有情執、命者執、補特伽羅等執。何以故？善現！不應取法，不應取非法，是故如來密意而說筏喻法門。諸有智者，法尚應斷，何況非法！
	淨譯	若彼菩薩有法想，即有我執、有情執、壽

53

		者執、更求趣執。若有非法想，彼亦有我執、有情執、壽者執、更求趣執。妙生！是故菩薩，不應取法，不應取非法。以是義故，如來密意宣說筏喻法門，諸有智者，法尚應捨，何況非法！
	M 譯	if there existed for these noble-minded Bodhisattvas the idea of quality, then they would believe in a self, they would believe in a being, they would believe in a living being, they would believe in a person. And if there existed for them the idea of no-quality, even then they would believe in a self, they would believe in a being, they would believe in a living being, they would believe in a person. And why? Because, O Subhûti, neither quality nor no-quality is to be accepted by a noble-minded Bodhisattva. Therefore this hidden saying has been preached by the Tathâgata: "By those who know the teaching of the Law, as like unto a raft, all qualities indeed must be abandoned; much more no-qualities."
	C 譯	these Bodhisattvas should have a perception of either a dharma, or a no-dharma, they would thereby seize on a self, a being, a soul, or a person. And why? Because a Bodhisattva should not seize on either a dharma or a no-dharma. Therefore this saying has been taught by the Tathagata

		with a hidden meaning: 'Those who know the discourse on dharma as like unto a raft, should forsake dharmas, still more so no-dharmas.'
	淺析	①什譯的「若心取相……若取法相……若取非法相」承接上文，繼續沿用三句式顯示能、所併銷的重要。「心取」是攀緣的能取，「法相、非法相」是所取。但他譯這處就出現劇變，上文的五句式，諦譯只剩下一句「有法想」，其他六譯則剩下兩句，如奘譯的「有法想轉……有非法想轉」。無著解釋，只討論「法與非法」，是因前述「無復四相」，「我」已不轉；「世間共想定」與「無想定」，在深定中亦不轉之故。但深層隨眠煩惱未斷，仍會受法執所轉。[101]如此說，前面的五句式與這邊的兩句式，豈不就是前者「人無我」和邪定，與後者「法無我」的關係了！這「二無我」思想，當然是唯識學的核心義理內容。 ②至於「不應取法，不應取非法」與「法尚應捨，何況非法」，各譯差異僅在用詞上，恕不多談。 ③唯「密意」只在唐二譯和英二譯中出現，

[101]〔宋〕善月法師述《金剛經會解》：「(此段善月引用無著《金剛般若波羅蜜經論》) 經言：何以故者，是中邪取，但言法、及非法相轉，不言餘者，以我想及依止不轉故。(我想，即初外道等。依止，即想無想定，彼根定故，且云不轉，故不言之)然於我想中，隨眠煩惱不斷故，則為有我取故。」《卍續藏》，第24冊，卷1，頁572中。

		似是後加。這更是瑜伽家經典《解深密經》和《瑜伽師地論》中的常用詞。

D21[102]	什譯	無有定法名阿耨多羅三藐三菩提，亦無有定法，如來可說。
	支譯	無有定法如來得阿耨多羅三藐三菩提，亦無有定法，如來可說。
	諦譯	無所有法如來所得，名阿耨多羅三藐三菩提；亦無有法如來所說。
	笈譯	無有一法若如來無上正遍知證覺；無有一法若如來說。
	奘譯	無有少法，如來、應、正等覺證得阿耨多羅三藐三菩提，亦無有少法，是如來、應、正等覺所說。
	淨譯	如來於無上菩提實無所證，亦無所說。
	M譯	there is nothing that was known by the Tathâgata under the name of the highest perfect knowledge, nor is there anything that is taught by the Tathâgata.
	C譯	No
	淺析	什譯的「無有定法名……」，直說沒有一法（即使是無上菩提），其性是恆、實、定的。其性若此，自亦無「可說」的餘地。這是傳統空宗的見解[103]。但由支譯起，「名」改

[102] D21：昭七。什譯，頁749中、支譯，頁753中、諦譯，頁762下、笈譯，頁767下、奘譯，頁981上、淨譯，頁772中、M譯，頁118、C譯，頁36。
[103] 如《大智度論》：「初得道，知二諦是虛誑；將入無餘涅槃，亦知道諦

56

| | | 爲「（證）得」，諦譯把「可說」改爲「所說」，「定法」亦逐漸改爲「所有、一、少法」，這些改變都缺乏明確否定無上菩提是「定法」的意涵。即是說，那個無上菩提，支譯以降是沒有否定其性是恆、實、定的。僅僅說「（證）得」、「所說」、「所有、一、少法」等等有爲法，皆無法釋其本來面目，更無法超越它，即使是少少也沒有。[104]這便能通於唯識家認爲圓成實性乃眞實[105]的立場。相反，如沿用什譯的「無有定法」，則在解釋圓成實性時便較難會通了。淨譯可能是看到會通的問題，乾脆只將重點「實無所證，亦無所說」說出，略去其他，實屬聰敏。C 譯則可能是因爲洋人比中國人更「好簡故，裁而略之」[106]，僅以一 'No' 字 |

虛誑，以空空三昧等捨離道諦，如說栰喻。滅諦亦無定法。如《經》中說：離有爲，無無爲，因有爲故說無爲；苦滅如燈滅，不應戲論求其處所。」《大正藏》，第 25 冊，卷 94，頁 720 下。

[104] 如無著造頌，世親釋，〔唐〕義淨譯《能斷金剛般若波羅蜜多經論釋》：「於此乃至無有少法能過，故名無上。」《大正藏》，第 25 冊，卷 3，頁 882 中。

[105] 護法等菩薩造，〔唐〕玄奘譯《成唯識論》：「十地中無分別智，數修此故，捨二麤重。二障種子立麤重名，性無堪任違細輕故，令彼永滅故說為捨。此能捨彼二麤重故，便能證得廣大轉依。依，謂所依，即依他起與染淨法為所依故。染，謂虛妄遍計所執。淨，謂真實圓成實性。轉，謂二分：轉捨、轉得。由數修習無分別智，斷本識中二障麤重故，能轉捨依他起上遍計所執，及能轉得依他起中圓成實性。由轉煩惱得大涅槃，轉所知障證無上覺，成立唯識意，為有情證得如斯二轉依果。」《大正藏》，第 31 冊，卷 9，頁 50 下。

[106] 龍樹菩薩造，〔後秦〕鳩摩羅什譯《大智度論》：「梵文委曲，皆如初品。

		處理。這種漸進式的改變，我們在 D07 條，由發心漸變成發趣菩薩乘的討論中，已然見識過。往後我們陸續會見到更多的例子。
D22[107]	什譯	如來所說法，……一切賢聖，皆以無為法而有差別。
	支譯	如來所說法，……一切聖人，皆以無為法得名。
	諦譯	是法如來所說，……一切聖人皆以無為真如所顯現故。
	笈譯	若彼，如來法說，……無為法顯明聖人。
	奘譯	如來、應、正等覺所證、所說、所思惟法，……以諸賢聖補特伽羅皆是無為之所顯故。
	淨譯	佛所說法，……以諸聖者，皆是無為所顯現故。
	M 譯	that thing which was known or taught by the Tathâgata ......Because the holy persons are of imperfect power.
	C 譯	This dharma which the Tathagata has fully known or demonstrated......Because an Absolute exalts the Holy Persons.
	淺析	①什、奘二譯皆說「賢聖」，他譯均說「聖

法師以秦人好簡故，裁而略之。」《大正藏》，第 25 冊，卷 1，頁 57 中。
[107] D22：昭七。什譯，頁 749 中、支譯，頁 753 中、諦譯，頁 762 下、笈譯，頁 767 下、奘譯，頁 981 上、淨譯，頁 772 中、M 譯，頁 118、C 譯，頁 34。

人」。「賢」（梵 bhadra）是見道前的行者，本應與「聖」（梵 ārya）有別。[108]但賢聖皆是以空理破相，差異只在有漏與無漏。故把「賢」加進來討論並無嚴重不妥。只是是否底本已有「賢」，則無從稽考。

②什譯的「一切賢聖，皆以無為法而有差別」，可說是基於空宗的見解：一、賢聖有差別，是因為所得空的深淺有差別[109]。二、因空所破有為法而得的無為法亦無定相[110]。三、無為法實在亦不可得。[111]但支譯起，「有差別」漸進地改為「得名」與「所顯」。如此，賢聖便由主動變被動，能名能顯之謂賢聖的，變成了反客為主的「無為法」。諦譯說出了原因，是在於「無為法」的定義是「真如」。按《瑜伽論》，能正除有漏的「真如」是無變異的。[112]而且，無為清淨皆依無上「真如」而顯。[113]因此，「真

---

[108] 《佛光大辭典》，第七冊，頁 6180。

[109] 《大智度論》：「二乘得空，有分有量；諸佛、菩薩無分無量。」《大正藏》，第 25 冊，卷 70，頁 618 下。

[110] 《大智度論》：「但破有為故說無為，無為亦無定相。」《大正藏》，第 25 冊，卷 79，頁 549 上。

[111] 《大智度論》：「破有為法故名無為，更無異法。如人閉在牢獄，穿牆得出；破壁是空，更無異空，空亦不從因緣生；無為法亦如是，有為法中先有無為性，破有為即是無為，是故說：離有為，無為不可得。」《大正藏》，第 25 冊，卷 95，頁 728 中。

[112] 《瑜伽師地論》：「了知清淨真如義故，有無為相無變異相，此由無為空無變異空，能正除遣。」《大正藏》，第 30 冊，卷 77，頁 726 下。

[113] 《瑜伽師地論》：「真如無上，無為清淨所緣義故。」《大正藏》，第 30

		如」只顯賢聖之不同於凡夫故名爲賢聖，但卻不會如空宗那樣，認爲無爲法（眞如）會有差別相，來顯出賢聖證悟空性的差別。稍後在第肆章，我們會在無爲法的問題上再詳論。唯 M 譯的 'imperfect power'（不完全的力量）實難確定其義與依據，唯有從略。 ③奘譯的「所證（大抵即二英譯的 'known'）、所說、所思惟法」，比他譯多了兩項。合這三項就是身、語、意三業。或許這是要秉承《瑜伽論》如來三業超勝阿羅漢[114]的描述，故較近代的底本更圓滿地加入經文中去了。

D23[115]	什譯	是福德即非福德性，是故如來說福德多。
	支譯	是福德聚，即非福德聚，是故如來說福德聚、福德聚。
	諦譯	此福德聚，即非福德聚，是故如來說福德聚。
	笈譯	若彼，世尊！福聚；如來說非聚；彼，世尊！如來說福聚、福聚者。

冊，卷 72，頁 698 中。

[114] 《瑜伽師地論》：「阿羅漢或於一時善身業轉，或於一時無記業轉，如於身業，語業意業當知亦爾。如來三業，智前行故，智隨轉故，無無記業。智所起故，名智前行；智俱行故，名智隨轉。」《大正藏》，第 30 冊，卷 79，頁 738 下。

[115] D23：昭八。什譯，頁 749 中、支譯，頁 753 中、諦譯，頁 762 下、笈譯，頁 767 下、奘譯，頁 981 上、淨譯，頁 772 中、M 譯，頁 119、C 譯，頁 39。

	奘譯	福德聚福德聚者，如來說為非福德聚，是故如來說名福德聚福德聚。
	淨譯	此福聚者，則非是聚，是故如來說為福聚、福聚。
	M 譯	what was preached by the Tathâgata as the stock of merit, that was preached by the Tathâgata as no-stock of merit. Therefore the Tathâgata preaches: "A stock of merit, a stock of merit indeed!"
	C 譯	Because the Tathagata spoke of the 'heap of merit' as a non-heap. That is how the Tathagata speaks of 'heap of merit'.
	淺析	什譯明顯是從有沒有「實法」上去說「即非福德性」，亦是秉承了前面 D20「無有實法」的一貫立場而說「福德無實性」。然後，再從這個見地推論回來事相上的福德，知其無實、不定、可變，卻非沒有！故此才依可數可量而說是「多」。他譯皆用「福德聚」。這在 D12 已論及，茲不再述。唯，他譯存在兩種版本：支、諦、奘、M 四譯意謂「非福德聚」，涵蓋「福德」與「聚」二者皆不實；笈、淨、C 三譯意謂「非聚」，僅獨舉「聚」的不實。這種差別，用空宗見解不能解決。但如用唯識學三性說中「唯遍計執，無相無性」[116]，便可能是因為前

---

[116]《瑜伽師地論》：「唯遍計執，無相無性，無生無滅，無染無淨，本來寂靜，自性涅槃。非過去，非未來，非現在。非繫非離繫，非縛非解脫。非苦非樂，非不苦不樂。唯是一味，遍一切處，皆如虛空。以如是等無量行

		者視「福德聚」中的「福德」和「聚」，皆屬遍計所執性；後者則僅獨舉「聚」為遍計所執性，「福德」卻只屬缺少了思維分別的依他起性。可見唯識家內部便可能存在著派系的不同觀點而對經文的構成造成了差異。

D24[117]	什譯	於此經中，受持乃至四句偈等，為他人說，其福勝彼。
	支譯	於此經中，受持乃至四句偈等，為他人說，其福勝彼無量不可數。
	諦譯	從此經中，受四句偈，為他正說，顯示其義。此人以是因緣，所生福德，最多於彼無量無數。
	笈譯	若此法本，乃至四句等偈，受已，為他等分別廣說，此，彼緣，多過福聚生，無量、不可數。
	奘譯	於此法門乃至四句伽陀，受持、讀誦、究竟通利，及廣為他宣說、開示、如理作意，由是因緣所生福聚，甚多於前無量無數。
	淨譯	於此經乃至一四句頌，若自受持，為他演說，以是因緣所生福聚，極多於彼無量無數。
	M譯	after taking from this treatise of the Law

相，應正了知遍計所執自性。」《大正藏》，第30冊，卷74，頁706上。
[117] D24：昭八。什譯，頁749中、支譯，頁753下、諦譯，頁762下、笈譯，頁767下、奘譯，頁981上、淨譯，頁772下、M譯，頁119、C譯，頁40。

62

		one Gâthâ of four lines only should fully teach others and explain it, he indeed would on the strength of this produce a larger stock of merit immeasurable and innumerable.
	C 譯	to take from this discourse on dharma but one stanza of four lines, and would demonstrate and illuminate it in full detail to others, then he would on the strength of that beget a still greater heap of merit, immeasurable and incalculable.
	淺析	①什譯以「領受憶持四句偈，爲他人說」作爲基本條件。至諦譯起便逐漸提高了自、他兩邊的門檻，至奘譯達到最高峰。「究竟通利」、「如理作意」等等，都是玄奘眾多的譯典中的常用詞。可見他們對說法者的個人質素的要求了。如此，則隨便朗讀《金剛經》，而導致慧能上黃梅得法的店客，莫非就不入流了？（按：往下雷同者，茲不再論。） ②除了秉承「無有實法」，亦即「性空」立場的什譯外，他譯都以「福德聚」的立場，亦即「施設有」的立場，加入了「無量無數」等詞，去形容「其福」如何「勝彼」。往下經文有相類似的，茲不再述。
D25[118]	什譯	所謂佛法者，即非佛法。

---

[118] D25：昭八。什譯，頁 749 中、支譯，頁 753 下、諦譯，頁 763 上、笈

支譯	所謂佛法、佛法者,即非佛法。	
諦譯	所言佛法者,即非佛法,是名佛法。	
笈譯	佛法、佛法者,善實!非佛法,如是彼;彼故,說名佛法者。	
奘譯	諸佛法諸佛法者,如來說為非諸佛法,是故如來說名諸佛法諸佛法。	
淨譯	佛法者,如來說非佛法,是名佛法。	
M 譯	"The qualities of Buddha, the qualities of Buddha indeed!" they were preached by him as no-qualities of Buddha. Therefore they are called the qualities of Buddha.	
C 譯	the dharmas special to the Buddhas are just not a Buddha's special dharmas. That is why they are called 'the dharmas special to the Buddhas'.	
淺析	各譯前面本來正在說明一切佛法皆從此經出,現在解釋佛法不實,故各譯均提示「所謂佛法者,即非佛法」。但自諦譯起,更在後面加上一句「是名佛法」,以安立第一義,及強調「施設有」在菩薩乘的重要性。[119]如此,獨空已然不夠究竟,必須攝有,	

譯,頁 767 下、奘譯,頁 981 上、淨譯,頁 772 下、M 譯,頁 120、C 譯,頁 40。

[119] 無著菩薩造,〔隋〕笈多大師譯《金剛般若波羅蜜經論》卷 1:「經言:『世尊!是福聚,即非福聚,是故如來說福聚』,及言『須菩提!佛法、佛法者,即非佛法,是名佛法』者,以此福聚及佛法,為攝取如來福相法身中安立第一義。為隨順無為得名故,相應三摩鉢帝及折伏散亂不復顯了。」《大正藏》,第 25 冊,卷 1,頁 771 中。

		方爲究竟。這正是後來空、有爭論的主要議題（後將待述）。還請留意的是，M、C二譯把他譯的佛法譯爲 'qualities of Buddha' 和 'the dharmas special to the Buddhas'，是在說明「佛」的「法」（性質），而非「佛法」的法，顯得這更有爲了強調說明「佛性」的意味！
D26[120]	什譯	須陀洹名爲入流，而無所入，不入色、聲、香、味、觸、法，是名須陀洹。
	支譯	實無有法名須陀洹。不入色聲香味觸法，是名須陀洹。
	諦譯	實無所有能至於流，故說須陀洹。乃至色、聲、香、味、觸、法亦復如是，故名須陀洹。
	笈譯	一人，彼故說名流入。不色入，不聲、不香、不味、不觸、不法入，彼故說名流入者。彼若，世尊！流入如是念：「我流入果得到」，彼如是，彼所我取有，眾生取、壽取、人取有。
	奘譯	諸預流者無少所預，故名預流；不預色、聲、香、味、觸、法，故名預流。世尊！若預流者作如是念：「我能證得預流之果」，即爲執我、有情、命者、士夫、補特伽羅等。

---

[120] D26：昭九。什譯，頁749中、支譯，頁753下、諦譯，頁763上、笈譯，頁768上、奘譯，頁981上、淨譯，頁772下、M譯，頁120、C譯，頁43。

	淨譯	諸預流者，無法可預，故名預流。不預色、聲、香、味、觸、法，故名預流。世尊！若預流者作是念：「我得預流果」者，則有我執，有情壽者更求趣執。
	M譯	he has not obtained any particular state (dharma). Therefore he is called a Srota-âpanna. He has not obtained any form, nor sounds, nor smells, nor tastes, nor things that can be touched. Therefore he is called a Srota-âpanna. If, O Bhagavat, a Srota-âpanna were to think in this wise: The fruit of Srota-âpatti has been obtained by me, he would believe in a self, he would believe in a being, he would believe in a living being, he would believe in a person.
	C譯	he has not won any dharma. Therefore is he called a Stream-winner. No sight-object has been won, no sounds, smells, tastes, touchables, or objects of mind. That is why he is called a 'Streamwinner'. If, O Lord, it would occur to a Streamwinner, 'by me has a Streamwinner's fruit been attained', then that would be in him a seizing on a self, seizing on a being, seizing on a soul, seizing on a person.
	淺析	什譯依「性空」說「無所（六塵）入（入法）」，並回光照見須陀洹只有假名，實「無

66

		能入」。所入、入法、能入，三者並寂。這是空宗的根本見地。[121]支、諦二譯直談「能」的「**實無**」，能、所關係未夠清晰。笈譯起的五譯，加入一句什譯在談阿羅漢道時才有的句子，說若有證得果位的念頭，便著四相云云，以此更進一步強調「無我」的重要。但不論如何，什譯外的七譯均將焦點放在「無我」之上，六塵的角色作用因而降低，幾乎即使沒有六塵的那段文字，也不會太影響整句的意義。瑜伽行派特別強調「無我」，兼說「唯識無境」，也許與此不無關係。其餘斯陀含和阿那含與此意同，茲不更述。但是，當論及阿羅漢時，八譯文意則近乎一致。如什譯：「**實無有法名阿羅漢。世尊！若阿羅漢作是念：『我得阿羅漢道』，即為著我、人、眾生、壽者**」云云，顯示了證阿羅漢的實質就在達致「無我」。當結合上面其他三果去看，便成為一套完整的修行過程：由破「所入」，即破「入法」，即破「能入」，最終破「我等四相」徹證「無我」。這種能、所關係，八譯中僅什譯能夠清楚敘述。
D27[122]	什譯	菩薩莊嚴佛土不？不也……

---

121 如《大智度論》：「如先說空等諸相是實，何以故？是相非五眾所作，非六波羅蜜乃至一切種智所作。是相，無為故，無法可作，亦無若人、若非人能作。」《大正藏》，第 25 冊，卷 70，頁 549 上。

122 D27：昭十。什譯，頁 749 下、支譯，頁 753 下、諦譯，頁 763 上、笈譯，頁 768 上、奘譯，頁 981 中、淨譯，頁 773 上、M 譯，頁 122、C 譯，

支譯	若菩薩作是言:「我莊嚴佛國土」,彼菩薩不實語。
諦譯	若有菩薩作如是言:「我當莊嚴清淨佛土」,而此菩薩說虛妄言。
笈譯	菩薩摩訶薩如是語:「我國土莊嚴成就」,我者,彼不如語。
奘譯	若有菩薩作如是言:「我當成辦佛土功德莊嚴」,如是菩薩非真實語。
淨譯	若有菩薩作如是語:「我當成就莊嚴國土」者,此為妄語。
M譯	If......a Bodhisattva should say: "I shall create numbers of worlds," he would say what is untrue.
C譯	If any Bodhisattva would say, 'I will create harmonious Buddhafields', he would speak falsely.
淺析	由一問一答的對話變成佛的單向直述,是什譯與餘七譯的最明顯差異。不同於什譯的徹頭徹尾否定有一絕對實法,餘七譯在敘述莊嚴佛國土乃不可取著的同時,對「真如」或「實智」等等的實存卻要謹慎處理。如笈譯的「彼不如語」,正表示了是與「真如」不相應的意思。世親《論》認為沒有莊嚴佛國土這件事,但諸佛如來智慧卻是真實不應否定的。[123]M 譯則是以 'create

[123]〔元魏〕天親菩薩造,菩提流支譯《金剛般若波羅蜜經論》卷 1:「諸佛無有莊嚴國土事,唯諸佛如來真實智慧習識通達,是故彼土不可取。若人

		numbers of worlds' 去翻譯成辦佛國土。

D28[124]	什譯	諸菩薩摩訶薩應如是生清淨心，不應住色生心，不應住聲、香、味、觸、法生心，應無所住而生其心。
	支譯	諸菩薩摩訶薩，應如是生清淨心，而無所住，不住色生心，不住聲、香、味、觸、法生心，應無所住而生其心。
	諦譯	菩薩應生如是無住著心，不住色、聲、香、味、觸、法生心，應無所住而生其心。
	笈譯	菩薩摩訶薩如是不住心發生應，不色住心發生應，不聲、香、味、觸、法住心發生應，無所住心發生應！
	奘譯	菩薩如是都無所住應生其心，不住於色應生其心，不住非色應生其心，不住聲、香、味、觸、法應生其心，不住非聲、香、味、觸、法應生其心，都無所住應生其心。
	淨譯	菩薩不住於事，不住隨處，不住色、聲、香、味、觸、法，應生其心；應生不住事心，應生不住隨處心，應生不住色、聲、香、味、觸、法心。
	M譯	a noble-minded Bodhisattva should in this wise frame an independent mind, which is

---

取彼國土形相，作是言我成就清淨佛土，彼不實說。」《大正藏》，第 25 冊，卷 1，頁 786 上。
[124] D28：昭十。什譯，頁 749 下、支譯，頁 754 上、諦譯，頁 763 中、笈譯，頁 768 上、奘譯，頁 981 下、淨譯，頁 773 上、M 譯，頁 122 至 123、C 譯，頁 47 至 48。

		to be framed as a mind not believing in anything, not believing in form, not believing in sound, smell, taste, and anything that can be touched.
	C 譯	the Bodhisattva, the great being, should produce an unsupported thought, i.e. a thought which is nowhere supported, a thought unsupported by sights, sounds, smells, tastes, touchables or mind-objects.
	淺析	採「生其心」寫法的五譯中，什、支二譯把那心名爲「清淨心」；諦譯則名之爲「無住著心」；奘、淨譯的寫法，只能把「其心」解讀爲「菩薩的心」，而不能像什、支、諦三譯的，解釋爲某種狀態的心，否則易令人混淆，以爲是否「無所住」之外別有某種東西！餘三譯沒有用「生其心」的寫法，而是直接說「生一無住心」。本條有很多問題，故當另外在第肆章詳論。

D29[125]	什譯	佛說非身，是名大身。
	支譯	佛說非身，是名大身。彼身非身，是名大身。
	諦譯	如來說非有，名爲有身。此非是有，故說有身。
	笈譯	不有彼，如來！說彼故，說名我身者。不

---

[125] D29：昭十。什譯，頁 749 下、支譯，頁 754 上、諦譯，頁 763 中、笈譯，頁 768 中、奘譯，頁 981 下、淨譯，頁 773 上、M 譯，頁 123、C 譯，頁 48 至 49。

		彼，世尊！有彼故，說名我身者。
	奘譯	彼之自體，如來說非彼體，故名自體。非以彼體，故名自體。
	淨譯	彼之大身，如來說為非身。以彼非有，說名為身。
	M譯	when the Tathâgata preached: "Selfhood, selfhood indeed!" it was preached by him as no-selfhood. Therefore it is called selfhood.
	C譯	'Personal existence, personal existence', as no-existence has that been taught by the Tathagata; for not, O Lord, is that existence or non-existence. Therefore is it called 'personal existence'.
	淺析	①各譯差別約可分為兩類：一、以「身」的非有立論，二、以「有」的非有立論。以「身」非有立論的是什、支、奘、M四譯；以「有」非有立論的是諦、笈、C三譯。淨譯是前句以「身」非有立論，後句以「有」非有立論，可說是融合了眾譯的結果。M譯在文中解釋 'Selfhood' 為 'he himself'[126]（他自己），直接涉及到無我，是他本所無的。C譯在「有」的非有上，以 'existence or non-existence'（有與非有）皆非有的方式說明，也是他本所無的。②另一項差別在於以一句或是兩句去表述。其中，只有什、M二譯採取一句的方式，餘譯皆用兩句。世親《論》認為，兩

---

[126] M譯，頁 123。

		句中的前句是離於諸漏,即離於遍計執,所以說是非身的。而後句是指清淨法身離有爲法,即離於依他起而說是名身的。此清淨法身,即圓成實,是實有我體的。[127]可見唯識家的義理在兩句表述的形成上,扮演著重要的角色。

D30[128]	什譯	我今實言告汝,若有善男子、善女人,以七寶滿爾所恒河沙數三千大千世界,以用布施……
	支譯	我今實言告汝,若有善男子、善女人,以七寶滿爾數恒沙數世界,以施諸佛如來……
	諦譯	我今覺汝,我今示汝。諸恒伽中所有沙數爾許世界,若有善男子、善女人,以七寶遍滿,持施如來應供正遍覺知……
	笈譯	欲我汝,善實!知我汝。所有彼中恒伽大河中沙有,彼所有世界有,如是婦女,若丈夫,若七寶滿作已,如來等、應等、正遍知等施與……
	奘譯	善現!吾今告汝,開覺於汝,假使若善男

---

[127] 天親菩薩造,〔元魏〕菩提流支大師譯《金剛般若波羅蜜經論》:「如經:『何以故,佛說非身,是名大身。彼身非身,是名大身』故。何故如是說?偈言遠離於諸漏及有爲法故。彼受樂報佛體離於諸漏,若如是即無有物,若如是即名有物,以唯有清淨身故,以遠離有爲法故。以是義故,實有我體,以不依他緣住故。」《大正藏》,第25冊,卷1,頁786中。

[128] D30:昭十一。什譯,頁749下、支譯,頁754上、諦譯,頁763中、笈譯,頁768中、奘譯,頁981下、淨譯,頁773上、M譯,頁123、C譯,頁48至49。

		子或善女人，以妙七寶盛滿爾所殑伽河沙等世界，奉施如來、應、正等覺……
	淨譯	我今實言告汝，若復有人，以寶滿此河沙數量世界，奉施如來……
	M譯	I tell you, O Subhûti, I announce to you, if a woman or man were to fill with the seven treasures as many worlds as there would be grains of sand in those Gangâ rivers and present them as a gift to the holy and fully enlightened Tathâgatas......
	C譯	This is what I announce to you, Subhuti, this is what I make known to you, if some woman or man had filled with the seven precious things as many world systems as there are grains of sand in those Ganges rivers, and would give them as a gift to the Tathagatas, Arhats, fully Enlightened Ones......
	淺析	①什譯中，僅這裏出現「實言告汝」四字。歷代註疏甚少解釋這幾個字，有注意的亦多以「為令人生信」去解釋。[129]什譯內有25處用了「實」字，約義可分為兩種：一、真實有，大多會加上否定詞如「實無」，表

[129] 如(一)〔唐〕知恩法師著《金剛般若經依天親菩薩論贊略釋秦本義記卷上》：「我今實言告汝者，為欲校量先顯如來口無失故。」《大正藏》，第85冊，卷1，頁117中。(二)〔清〕通理法師著《金剛新眼疏經偈合釋》：「我今實言句，說雖在此，意為所校量福，恐福勝難信，令其必信故。」《卍續藏》，第25冊，卷2，頁25下。

| | | 示眞實無。二、實相，即後面經文所說的「即是非相」，表示依「實相非相」去說。D17 的「生實信」與這裏的「實言告汝」的「實」字，就是這個意思，這亦是空宗的究竟義。除淨譯外，自諦譯起，各譯文字改爲「我今覺汝，我今示汝」的式樣。這顯示教義中認同有一眞實存在的究竟法，如「眞如」等，則不能說依「實相非相」去說，因爲「言說」只是一種假施設，沒有實法存在[130]，故此不可說「實言告汝」。
②除什譯外，餘譯皆說供養的對象是如來。從典籍看，空宗乃至《般若經》並不十分重視供養如來。[131]相反，瑜伽行派卻十分重視。《瑜伽師地論》中便有廣泛討論。[132] |

---

[130] 〔唐〕遁倫法師著《瑜伽論記》：「言說名執諸法，令悟此名但假施設，無別實法。」《大正藏》，第 42 冊，卷 18，頁 716 上。

[131] 如〔後秦〕鳩摩羅什譯《摩訶般若波羅蜜經》：「菩薩行般若波羅蜜時布施，隨其所須飲食衣服、車馬香華瓔珞，種種所須盡給與之，若供養佛、辟支佛、阿羅漢、阿那含、斯陀含、須陀洹等無異，若施入正道中。人及凡人下至禽獸，皆無分別，等一布施。何以故？一切法不異、不分別故，是菩薩無異無別。」《大正藏》，第 8 冊，卷 24，頁 393 上。甚至基於某些原因，有比供養如來更值得多作的，如《大智度論》：「一切十方眾生，雖盡應供養佛，阿羅漢受恩重故，應倍供養。」《大正藏》，第 25 冊，卷 3，頁 82 中。

[132] 如《瑜伽師地論》：「云何菩薩於如來所供養如來，當知供養略有十種：一、設利羅供養。二、制多供養。三、現前供養。四、不現前供養。五、自作供養。六、教他供養。七、財敬供養。八、廣大供養。九、無染供養。十、正行供養。若諸菩薩親現供養如來色身，是名設利羅供養。……如是

D31[133]	什譯	當知是人成就最上第一希有之法。
	支譯	當知是人成就最上第一希有之法。
	諦譯	當知是人則與無上希有之法而共相應。
	笈譯	最勝彼希有具足當有。
	奘譯	如是有情成就最勝希有功德。
	淨譯	當知是人，則為最上第一希有。
	M譯	They...... will be endowed with the highest wonder.
	C譯	Most wonderfully blest......they will be!
	淺析	依梵語，「成就」是 samanvāgama[134]；「具足」是 sampanna[135]；「相應」是 samprayukta[136]；「法」是 dharma；「功德」是 guṇa[137]。這些名相在各譯中分別使用，足見原梵本具有差別。「成就」是指從未得、現既得並且維持不失。依此而說，什、支二譯的「成就最上第一希有之法」或奘

菩薩於如來所，設不現前弘廣供養，當獲無量大福德果，攝受無量廣大梵福。菩薩由此能於無量劫大劫中不墮惡趣，由是因緣非不圓滿無上正等菩提資糧。此中菩薩唯供現前佛及制多，應知獲得廣大福果。若唯供養不現前佛及以制多，應知獲得大大福果。若俱供養現不現前佛及制多，應知獲得最大福果，為無有上。」《大正藏》，第30冊，卷44，頁533中。
[133] D31：昭十二。什譯，頁750上、支譯，頁754上、諦譯，頁763中、笈譯，頁768中、奘譯，頁982上、淨譯，頁773上、M譯，頁124、C譯，頁50。
[134]《佛光大辭典》，第三冊，頁2928。
[135]《佛光大辭典》，第三冊，頁2928。
[136]《佛光大辭典》，第四冊，頁3912。
[137]《佛光大辭典》，第二冊，頁1566。

		譯「成就最勝希有功德」，從無到有，自然不是實有。諦譯的「相應」，本就是瑜伽行派常用概念，而所相應的「無上希有之法」便多少帶點實有的意味。笈譯雖然無法讀通，但「具足」令人想到「明行足」（梵語 vidyā-caraṇa-sampanna）[138]，即佛的菩提與德行皆具足；因此，笈譯所謂的「最勝希有具足」，當指佛的無上菩提；如此，若依《菩薩地持經》，其中便含有「自性」與「真實」的意義了。[139]英二譯用了 'will be endowed'（會被賦與）和 'Most wonderfully blest'（獲受最好的賜惠）的字眼。雖然 'endowed' 和 'blest' 也有「具足」的意義，但從其帶有被動句的語法看，總給人究竟是誰「賦與」或「賜惠」給人這「最上第一希有之法」的疑問，而令筆者推論這是西方有神論的思維所殘留的痕跡。淨譯再次避開以上一切爭議，直說「是人，則為最上第一希有」；不過人相就似乎保留著了。
D32[140]	什譯	是經名為《金剛般若波羅蜜》……佛說般若

[138] 《佛光大辭典》，第四冊，頁 3280。
[139] 〔北涼〕曇無讖譯《菩薩地持經》：「無上菩提有無量義，舉要言之，有自性義、無上義、名稱功德義、隨念功德義、堪能義、最勝義，悉如上說，當知真實。復次，不思議度諸思議，無量無邊功德具足，出過一切聲聞辟支佛上。是故名阿耨多羅三藐三菩提，第一最勝無等無上。」《大正藏》，第 30 冊，卷 3，頁 902 中。
[140] D32：昭十三。什譯，頁 750 上、支譯，頁 754 上、諦譯，頁 763 中、

		波羅蜜，則[141]非般若波羅蜜。
	支譯	是法門名為《金剛般若波羅蜜》……佛說般若波羅蜜，則非般若波羅蜜。
	諦譯	此經名《般若波羅蜜》[142]……是般若波羅蜜，如來說非般若波羅蜜。
	笈譯	《智慧彼岸到》名，此……法本……智慧彼岸到，如來說彼如是非彼岸到，彼故，說名智慧彼岸到者。
	奘譯	今此法門名為《能斷金剛般若波羅蜜多》……如是般若波羅蜜多，如來說為非般若波羅蜜多，是故如來說名般若波羅蜜多。
	淨譯	（缺。按：同一位置上，整句調動到昭十四去。）
	M 譯	This treatise of the Law......is called the Pragñâ-pâramitâ (Transcendent wisdom) what was preached by the Tathâgata as the Pragñâ-pâramitâ, that was preached by the Tathâgata as no-Pâramitâ. Therefore it is called the Pragñâ-pâramitâ.
	C 譯	This discourse on dharma......is called 'Wisdom which has gone beyond'......Just that which the Tathagata has taught as the wisdom which has gone beyond, just that He has taught as not gone beyond.

笈譯，頁 768 中、奘譯，頁 982 上、M 譯，頁 124 至 125、C 譯，頁 51 至 52。
[141] 什譯：「則＝即【明】」，《大正藏》，第 8 冊，卷 1，頁 324 註腳。
[142] 諦譯，頁 763 註腳：「名＋（為金剛）【宋】【元】【明】【宮】。」

		Therefore is it called 'Wisdom which has gone beyond'.
	淺析	①八譯中，僅奘譯加上「能斷金剛」四字於經名中。什、支二譯則只加上「金剛」二字。其他則只有「般若波羅蜜」之意。E. Conze 說：「值得注意的是這裏的經名只是《般若波羅蜜》。的確，羅什的是《金剛般若波羅蜜》，但梵文中卻是沒有的。」[143]如此，則奘譯的「能斷金剛」豈不應該更觸目！②在「非般若波羅蜜」後，更加上「說（是）名非般若波羅蜜」的句意，始於笈譯；什、支、諦三譯都沒有這一句。淨譯避開爭議，在他譯的相同位置上，從「當何名此經」起將整句移走，再調動到昭十四的經文裏去，並且刪掉了「說（是）名……」一句。[144]其中疑團，我們將在第肆章詳論。

D33[145]	什譯	得慧眼
	支譯	得慧眼
	諦譯	得聖慧

---

[143] C 譯，頁 51："It is noteworthy that he title of the 'Diamond Sutra' is here simply 'Perfection of wisdom'. Kumarajva, it is true, has 'Adamantine Perfection of wisdom', but not so the Sanskrit."

[144] 淨譯：「『當何名此經？我等云何奉持？』佛告妙生：『是經名為《般若波羅蜜多》，如是應持。何以故？佛說般若波羅蜜多，則非般若波羅蜜多。』」《大正藏》，第 8 冊，卷 1，頁 773 中。

[145] D33：昭十四。什譯，頁 750 上、支譯，頁 754 中、諦譯，頁 763 下、笈譯，頁 768 下、奘譯，頁 982 中、淨譯，頁 773 中、M 譯，頁 126、C 譯，頁 53。

笈譯	智生
奘譯	生智
淨譯	生智
M 譯	knowledge has been produced
C 譯	cognition has been produced
淺析	依梵語，「得」是 prāpti[146]；「生」是 jāta 或 jāti[147]。從較後期的五譯可見，梵典從笈譯起，便遭到改動。其他早期經典顯示，對於慧、眼、法眼等概念，梵文並無嚴格區分該用「得」還是「生」去表述，二者是可混用的[148]。但唯識學興起並成熟後卻不然；「得」，具有「成就」、「不失」的定義[149]，它是趨向穩定的。但「生」是三有爲相之一[150]，它總會有一天遭遇「住」、「滅」的

---

[146] 《佛光大辭典》，第五冊，頁 4547。

[147] 《佛光大辭典》，第三冊，頁 2056。

[148] 如(一)〔後秦〕佛陀耶舍法師共竺佛念法師譯《長阿含經》，是用「生」的：「苦陰滅時，生智、生眼、生覺、生明、生通、生慧、生證。」《大正藏》，第 1 冊，卷 1，頁 7 下。(二)〔劉宋〕求那跋陀羅法師譯《雜阿含經》，是用「得」的：「汝今得大善利，於甚深佛法中，得聖慧眼。」《大正藏》，第 2 冊，卷 10，頁 67 上。(三)〔陳〕真諦大師譯《廣義法門經》，是用「生」的：「於涅槃及四聖諦，法眼清淨，為生慧眼。」《大正藏》，第 1 冊，卷 1，頁 920 上。

[149] 如(一)〔唐〕《瑜伽師地論》：「此所『得』，正念無忘失故，能趣證故，不失壞故。」《大正藏》，第 30 冊，卷 23，頁 406 中。 (二)〔唐〕護法等菩薩造，玄奘譯《成唯識論》：「若『得』，於法是不失因，有情由此成就彼故。」《大正藏》，第 31 冊，卷 1，頁 5 上。

[150] 〔唐〕無著菩薩造，玄奘譯《顯揚聖教論》：「無常性者，謂有為法與三有為相共相應故：一生相、二滅相、三住異相。」《大正藏》，第 31 冊，卷 14，頁 548 上。

		變化[151]，它是不穩定的。可見經文的改動便起了定與不定的變化。剛好唯識學從《解深密經》起便有「智慧退減」的教理[152]，因此，沿用「得」的概念將不能反映這「智慧退減」的可能，故改用「生」便較為洽當。

	什譯	離一切諸相，則名諸佛。
	支譯	離一切諸相，則名諸佛。
	諦譯	諸佛世尊，解脫諸想盡無餘故。
	笈譯	一切想遠離，此佛世尊。
	奘譯	諸佛世尊離一切想。
D34[153]	淨譯	諸佛世尊離諸想故。
	M譯	Because the blessed Buddhas are freed from all ideas.
	C譯	Because the Buddhas, the Lords have left all perceptions behind.
	淺析	空宗認為諸佛只是假名，因此說「則名諸

---

[151] 〔陳〕世親菩薩釋，真諦譯《攝大乘論釋》:「未有初有，為生；已有未滅，為住。」《大正藏》，第 31 冊，卷 3，頁 173 中。

[152] (一)〔唐〕玄奘譯《解深密經》卷 2〈5 無自性相品〉:「彼雖於法起信解故，福德增長；然於非義起執著故，退失智慧；智慧退故，退失廣大無量善法。」《大正藏》，第 16 冊，卷 2，頁 695 下。(二)《顯揚聖教論》:「善護智慧，由智慧故，於所攝受法善觀察義，正慧通達；由遠離隨順聰叡憶念智慧退分因故；及由親近修習隨順住分、勝分因故。」《大正藏》，第 31 冊，卷 8，頁 518 中。

[153] D34：昭十四。什譯，頁 750 中、支譯，頁 754 中、諦譯，頁 763 下、笈譯，頁 768 下、奘譯，頁 982 中、淨譯，頁 773 中、M 譯，頁 127、C 譯，頁 53。

		佛」，義理上完全與「凡所有相，皆是虛妄」銜接。有宗卻認同諸佛的實有自性法身[154]，故此便不能沿用「則名諸佛」所隱含的只是假名的意義，唯有直說諸佛的特質就是「離一切想」。
D35[155]	什譯	（缺）
	支譯	如來說第一波羅蜜者，彼無量諸佛亦說波羅蜜。
	諦譯	此波羅蜜，如來所說，無量諸佛亦如是說。
	笈譯	如來最勝彼岸到說，彼無量亦佛世尊說。
	奘譯	如來所說最勝波羅蜜多，無量諸佛世尊所共宣說。
	淨譯	如來說者，即是無邊佛所宣說。
	M譯	what the Tathâgata preaches as the Paramapâramitâ, that was preached also by immeasurable blessed Buddhas.
	C譯	And what the Tathagata teaches as the highest perfection, that also the innumerable (aparimāṇa) Blessed Buddhas

---

[154] 如(一)〔唐〕無著造，玄奘譯《攝大乘論本》卷 3：「謂常住法是諸佛法，以其法身是常住故」《大正藏》，第 31 冊，卷 3，頁 147 中。(二)〔唐〕護法等菩薩造，玄奘譯《成唯識論》：「三身皆有實智：有義初一攝自性身，說自性身本性常故；說佛法身無生滅故；說證因得非生因故；又說法身諸佛共有，遍一切法，猶若虛空，無相無為，非色心故；然說轉去藏識得者，謂由轉滅第八識中二障麁重，顯法身故。」《大正藏》，第 31 冊，卷 10，頁 58 上。

[155] D35：昭十四。支譯，頁 754 中、諦譯，頁 764 上、笈譯，頁 769 上、奘譯，頁 982 中、淨譯，頁 773 中、M 譯，頁 127、C 譯，頁 53。

		do teach.
	淺析	什譯依空宗義，所說第一波羅蜜既然已無相、無非相，能說的如來當亦相同。如此，又何需更說諸佛亦如是說？但有宗不同，爲建立修行者的信仰與信心，實有自性法身的諸佛，同聲如是說更顯眞實如此，因爲諸佛皆依這第一法而成佛。[156]

D36[157]	什譯	菩薩應離一切相，發阿耨多羅三藐三菩提心，不應住色生心，不應住聲香味觸法生心，應生無所住心。若心有住，則為非住。
	支譯	菩薩應離一切相，發阿耨多羅三藐三菩提心。何以故？若心有住，則為非住。不應住色生心，不應住聲、香、味、觸、法生心，應生無所住心。
	諦譯	菩薩摩訶薩捨離一切想，於無上菩提應發起心，不應生住色心，不應生住聲、香、味、觸心，不應生住法心，不應生住非法心，不應生有所住心。何以故？若心有住，則為非住。
	笈譯	菩薩摩訶薩一切想捨離，無上正遍知心發生應，不色住心發生應，不聲、香、味、觸住心發生應，不法住、非無法住心發生

[156] 無著菩薩造，〔隋〕笈多大師譯《金剛般若波羅蜜經論》卷2：「經言『如來說第一波羅蜜者，彼無量諸佛亦說波羅蜜』者，此言顯示一切諸佛同說第一，是故名第一。」《大正藏》，第25冊，卷2，頁773下。
[157] D36：昭十四。什譯，頁750中、支譯，頁754下、諦譯，頁763下、笈譯，頁769上、奘譯，頁982下、淨譯，頁773中、M譯，頁128、C譯，頁54。

		應，無所住心發生應。彼何所因？若無所住，彼如是住。
	奘譯	菩薩摩訶薩遠離一切想，應發阿耨多羅三藐三菩提心，不住於色應生其心，不住非色應生其心，不住聲、香、味、觸、法應生其心，不住非聲、香、味、觸、法應生其心，都無所住應生其心。何以故？善現！諸有所住則為非住。
	淨譯	是故應離諸想，發趣[158]無上菩提之心，不應住色、聲、香、味、觸、法，都無所住而生其心；不應住法，不應住非法，應生其心。何以故？若有所住，即為非住。
	M 譯	a noble-minded Bodhisattva, after putting aside all ideas, should raise his mind to the highest perfect knowledge. He should frame his mind so as not to believe (depend) in form, sound, smell, taste, or anything that can be touched, in something (dharma), in nothing or anything. And why? Because what is believed is not believed (not to be depended on).
	C 譯	the Bodhi-being, the great being, after he has got rid of all perceptions, should raise his thought to the utmost, right and perfect enlightenment. He should produce a thought which is unsupported by forms, sounds, smells, tastes, touchables, or

---

[158] 淨譯：「趣＝起【宮】」，《大正藏》，第 8 冊，卷 1，頁 773 註腳。

| | | mind-objects, unsupported by dharma, unsupported by no-dharma, unsupported by anything. And why? All supports have actually no support. |
| | 淺析 | ①這一條各譯差別很少，故並非爲互相比較而建立的。相反地，這是爲了顯示各譯的相同，目的是要與 D07（昭二）和 D28（昭十）內的用詞作對比。D07 中已說明，只有什譯是純粹以「發菩提心」做起問的，他本已部份、或完全地用了「發趣菩薩乘」來代替。然這裏卻不是，全部採用「發菩提心」！那麼，他譯爲何轉換了主題？什、支二譯在 D28 是以「清淨心」去演繹的，與這裏以「無所住心」不一樣，他譯卻維持以「無所住」爲中心。這又是爲什麼呢？這些我們都將會在第肆章作整體性討論。②笈譯的「若無所住，彼如是住」，表示若無所住，那就是如是住。按前文後理，這似乎要比其他漢譯的寫法較好理解。其他漢譯的寫法表示若（心）有所住，那就不是住。有住卻不是住，若無額外解釋，一般人是無法理解的！其中分別，只是什、支、諦三譯都從「心」出發來談，而奘、淨二譯卻沒有明說。不過，按唯識學，沒說也當不言而喻了。二英譯中，M 譯幾乎無法與行文呼應；C 譯則容易被誤解爲觀空的運用，故此這二譯均不理想。 |

D37[159]	什譯	如來是真語者、實語者、如語者、不誑語者、不異語者。須菩提！如來所得法，此法無實無虛。
	支譯	須菩提！如來是真語者、實語者、如語者、不異語者。須菩提！如來所得法，所說法，無實無妄語。
	諦譯	如來說實、說諦、說如、說非虛妄。復次，須菩提！是法如來所覺，是法如來所說，是法非實非虛。
	笈譯	如來，實語如來，不異語如來，如語如來，非不如語如來。雖然復次時，善實！若如來法證、覺、說、若思惟，若不彼中實不妄。
	奘譯	如來是實語者、諦語者、如語者、不異語者。復次，善現！如來現前等所證法、或所說法、或所思法，即於其中非諦非妄。
	淨譯	如來是實語者，如語者，不誑語者，不異語者。妙生！如來所證法及所說法，此即非實非妄。
	M譯	a Tathâgata says what is real, says what is true, says the things as they are; a Tathâgata does not speak untruth. But again, O Subhûti, whatever doctrine has been perceived, taught, and meditated on by a Tathâgata, in it there is neither truth nor

---

159 D37：昭十四。什譯，頁 750 中、支譯，頁 754 下、諦譯，頁 764 上、笈譯，頁 769 上、奘譯，頁 982 下、淨譯，頁 773 下、M 譯，頁 128 至 129、C 譯，頁 54 至 55。

		falsehood.
	C譯	the Tathagata speaks in accordance with reality, speaks the truth, speaks of what is, not otherwise. A Tathagata does not speak falsely. But nevertheless, Subhuti, with regard to that dharma which the Tathagata has fully known and demonstrated, on account of that there is neither truth nor fraud.
	淺析	①什譯的五種「語者」:「眞」、「實」、「如」、「不誑」、「不異」,支譯的四種欠缺了「不誑」;諦譯的四種欠缺了「眞」、「不誑」、「不異」,但補上了「諦」、「非虛妄」;笈譯的四種欠缺了「眞」、「不誑」,但補上了「非不如語」;奘譯的四種欠缺了「眞」、「不誑」,但補上了「諦」;淨譯的四種欠缺了「眞」。M譯的四種,約義欠缺了「不異」;C譯的四種,約義欠缺了「不誑」。 ②什譯的「如來所得法」,支、諦(「覺」假定等同「得」)、淨、C 四譯加上了「所說」;奘、M 二譯更加上了「所思」(M譯是'meditated');笈譯更再加上了「證」。以上都反映出八譯底本絕對不止一種! ③什譯的「無實無虛」當中的「虛/妄」,梵文就可以有兩個字:其一是梵語a-santa-bhāva,表示「非實在」,如妄法、

		妄境、妄有；其二是 mṛṣā，表示「虛誑」，如妄語、妄言。[160]若按支、M、C 三譯的「無妄語」去解讀的話，那便應該是 mṛṣā 的意思。而連帶「無實」便應相對上解作「無實語」。這樣與前述「如來是實語者」云云，會否起矛盾？如果佛的原意是 a-santa-bhāva，又將如何？這一點並非本文主題，恕略不詳。昭十七有雷同的，亦不重覆再述。

D38[161]	什譯	皆得成就無量無邊功德。
	支譯	皆得成就無量無邊功德聚。
	諦譯	生長無量福德之聚。
	笈譯	無量福聚生當取當。
	奘譯	當生無量福聚。
	淨譯	當生當攝無量福聚。
	M 譯	will produce and hold fast an immeasurable and innumerable stock of merit.
	C 譯	will beget and acquire an immeasurable and incalculable heap of merit.
	淺析	這裏與 D12 不同，什譯已把梵語 guṇa（意指功能福德）[162]一詞譯成「功德」。支譯跟隨譯成「功德聚」。其他六譯維持自己過去

---

[160] 《佛光大辭典》，第六冊，頁 5261。
[161] D38：昭十四。什譯，頁 750 下、支譯，頁 754 下、諦譯，頁 764 上、笈譯，頁 769 中、奘譯，頁 983 上、淨譯，頁 773 下、M 譯，頁 129、C 譯，頁 55。
[162] 《佛光大辭典》，第二冊，頁 1566。

		意指福德的譯法不變。似乎，什譯到此做了清楚的界線：意指在此之前，境界只達因果關係上的「福德」而已。但菩薩如說受持《金剛經》至此，應該能夠眞正發揮到應有的世、出世間功能，所以譯成「功德」。這無疑是一種修行上的指引和印證的工具，亦足見羅什大師自證的造詣，以及對華文用詞的巧妙與貼心！

D39[163]	什譯	信心不逆
	支譯	信心不謗
	諦譯	不起誹謗
	笈譯	不謗
	奘譯	不生誹謗
	淨譯	不生毀謗
	M 譯	should not oppose it
	C 譯	would not reject it
	淺析	①這裏出現一個有趣的翻譯問題，就是兩英譯的用詞，與什譯同意，但卻與餘五漢譯不同！究竟是哪個譯本不精準？還是梵本就有最少兩種？唯有待專家研究吧！②這裏意義上更可分成三類：1、內照類，即什、M、C 三譯，全是內照的操作，不談對外行爲。2、對外類，即諦、笈、奘、淨四譯，不談信心，只說對外不謗。3、內外

[163] D39：昭十五。什譯，頁 750 下、支譯，頁 754 下、諦譯，頁 764 中、笈譯，頁 769 中、奘譯，頁 983 上、淨譯，頁 773 中、M 譯，頁 129、C 譯，頁 55。

		類，即支譯，既談信心，亦說對外不謗。③生誹謗對空宗而言，大致就是落三惡道多生輪迴，但仍有解脫的可能。但在瑜伽行派更嚴重，因為是會斷善根[164]，若成一闡提，更是永不能解脫成佛！[165]如此，五漢譯越見重視誹謗，這與瑜伽行派的教義不能說全無關係。

D40[166]	什譯	如來為發大乘者說，為發最上乘者說。[167]
	支譯	如來為發大乘者說，為發最上乘者說。
	諦譯	如來但為憐愍利益能行無上乘，及行無等乘人說。
	笈譯	如來說，勝乘發行眾生為故，最勝乘發行眾生為故。
	奘譯	如來宣說……為欲饒益趣最上乘諸有情故，為欲饒益趣最勝乘諸有情故。
	淨譯	如來為發大乘者說，為發最上乘者說。

---

[164] 《瑜伽師地論》:「善法種子損伏云何？答……若多修習邪見誹謗，如斷善根者，是第三損伏。」，《大正藏》，第 30 冊，卷 52，頁 588 下。

[165] 〔陳〕天親菩薩造，真諦譯《佛性論》:「若憎背大乘者，此法是一闡提因，為令眾生捨此法故。若隨一闡提因，於長時中，輪轉不滅。」《大正藏》，第 31 冊，卷 1，頁 788 下。

[166] D40：昭十五。什譯，頁 750 下、支譯，頁 755 上、諦譯，頁 764 中、笈譯，頁 769 中、奘譯，頁 983 上、淨譯，頁 773 下、M 譯，頁 130、C 譯，頁 55。

[167] 什譯，頁 750 註腳:「發大乘者 Agrayāna saṃprasthita；發最上乘者 Śreṣṭayāna saṃprasthita。」這條註腳，僅於什譯中出現，餘譯皆無。《大正藏》的編輯是想說，什譯的梵文底本是用這兩個詞彙？還是說餘譯的梵文底本不是用這兩個詞彙？

	M 譯	has been preached by the Tathâgata for the benefit of those beings who entered on the foremost path (the path that leads to Nirvâna), and who entered on the best path.
	C 譯	The Tathagata has taught it for the weal of beings who have set out in the best, in the most excellent vehicle.
	淺析	①譯文有二類：1、有饒益意思的是諦、奘、M、C四譯；無此意思的是什、支、笈、淨四譯。感性地凸顯如來的慈悲，可說已超越單純爲了令人對法義生信的範疇，卻是宗教信仰所必須。也許這便是印度佛教的發展，由重理性智慧慢慢轉移到重感性信仰的痕跡吧！ ②前後兩種「乘」，各譯的用詞都不盡一致。此處如依無著的見解：「餘乘不及，故最上；煩惱障、智障淨，故最勝應知。」[168]便可解釋得到，前一種「乘」是以「餘乘不及」去說的，所以什譯等名爲大乘；後一種「乘」是以淨除二障煩惱去說的，亦即無上、無等、最勝的佛境界。

D41[169]	什譯	如是人等，則為荷擔如來阿耨多羅三藐三菩提。

---

[168] 〔隋〕無著菩薩造，笈多譯《金剛般若波羅蜜經論》，《大正藏》，第25冊，卷2，頁775中。

[169] D41：昭十五。什譯，頁750下、支譯，頁755上、諦譯，頁764中、笈譯，頁769中、奘譯，頁983上、淨譯，頁773下、M譯，頁130、C譯，頁56。

支譯	如是人等，則為荷擔如來阿耨多羅三藐三菩提。
諦譯	如是等人，由我身分，則能荷負無上菩提。
笈譯	一切彼……眾生，我肩菩提持當有。
奘譯	如是一切有情，其肩荷擔如來無上正等菩提。
淨譯	當知是人，則為以肩荷負如來無上菩提。
M譯	All these beings......will equally remember the Bodhi (the highest Buddha-knowledge)
C譯	All these beings......will carry along an equal share of enlightenment.
淺析	①諦譯出現一句「由我身分」，是他譯所無的。似在暗示該等人皆是佛的變化身。「變化身」是唯識學者親光菩薩在著作《佛地經論》中所廣說的。[170] ②這裏八譯都以「佛菩提」作爲討論焦點，而不是「菩薩乘」！本經原本的主軸昭然若揭！ ③「佛菩提」的涵義就是自利利他。涉及「荷擔」這個「佛菩提」的有七譯，僅 M 譯沒有「荷擔」的意思，相信是誤譯成 'remember'（牢記）所致。 ④兩英譯都有 'equal'（平等）的字眼，是

---

[170] 〔唐〕親光菩薩等造，玄奘譯《佛地經論》，卷 7 中談論甚廣，如說：「變化身者，一切神變圓滿為相，一切化用共所集成，示現一切自在作用，一切白法增上所引，一切如來各別化用微妙難測，居淨穢土現種種形說種種法，成熟下位菩薩、二乘及異生眾，令入大地，出離三界脫諸惡趣，如是略釋三身相用。」《大正藏》，第 26 冊，頁 325 下。

		漢譯所無的。如把 C 譯的這段句子 '......carry along an equal share......'，與「阿耨多羅三藐三菩提」（無上正等正覺，anuttara-samyak-sambodhi）中的 'samyak' 一起看的話，'carry' 是「荷擔」的意思；'sam' 就有 'along' 的意思[171]；'yak' 就是「等」的意思。是否因而導致 'carry along an equal share' 的譯文，則見仁見智。

D42[172]	什譯	在在處處，若有此經
	支譯	在在處處，若有此經
	諦譯	隨所在處，顯說此經
	笈譯	此中地分，此經廣說
	奘譯	若地方所，開[173]此經典
	淨譯	所在之處，若有此經
	M 譯	that part of the world in which this Sûtra will be propounded
	C 譯	the spot of earth where this Sutra will be revealed
	淺析	什、支、淨三譯只強調「有經」，但餘五譯更強調「有說」。「經」本來是口耳相傳[174]，

[171] *Sanskirt Dictionary*："Preverb Word: SAM, Meaning: ALONG, WITH, TOGETHER." 上網日期：2015/10/29，10:28；網址：http://sanskritdictionary.com/。

[172] D42：昭十五。什譯，頁 750 下、支譯，頁 755 上、諦譯，頁 764 中、笈譯，頁 769 中、奘譯，頁 983 中、淨譯，頁 773 下、M 譯，頁 130、C 譯，頁 56。

[173] 奘譯：「開＝聞【明】」，頁 983 註腳。

[174] 按：美國學者 Schopen 便研究過《金剛經》的內容並認為本經是"oral

		斷無「無人說」但「有經」之理。因此，這說明了，強調「有說」的五譯，「經」已是輯錄成書的時代，人的概念裏已存在「有經」但不一定「有人說」的狀況，因此才需要強調「有說」。如此，哪譯的底本較早，當可憑此推斷。

	什譯	當得阿耨多羅三藐三菩提
	支譯	當得阿耨多羅三藐三菩提
	諦譯	當得阿耨多羅三藐三菩提
	笈譯	佛菩提得當
	奘譯	當得無上正等菩提
	淨譯	速至菩提
D43[175]	M 譯	will obtain the knowledge of Buddha
	C 譯	will reach the enlightenment of a Buddha
	淺析	①這裏與 D41 相同，八譯都以「無上菩提」作為討論焦點，而不是「菩薩乘」。可見，前半部《金剛經》的總結，仍然是以「阿耨多羅三藐三菩提」為目標！ ②當中亦分兩種描述：1、淨、C 二譯的「達至」，而且淨譯是強調功效殊勝的「速至」。

---

tradition"(口傳本)形式流傳下來的經本，而非"written tradition" (成文傳本)，故可推斷什譯的底本較可能是口傳轉輯成文傳本的最早期者。Schopen, Gregory, "Figments and Fragments of Mahāyāna Buddhism in India", *University of Hawaii Press*, 2005, p. 32, , University of Hawaii, Hawaii, U.S.A.

[175] D43：昭十六。什譯，頁 750 下、支譯，頁 755 上、諦譯，頁 764 中、笈譯，頁 769 下、奘譯，頁 983 中、淨譯，頁 773 下、M 譯，頁 131、C 譯，頁 56。

		2、其餘六譯是「當得」，在 D33 已說過「得」具有成就並不失的意義。而且，「得」是唯識 24 種心不相應行法之一。但淨、C 二譯所譯的「至/reach」，既定義模糊更不是唯識百法中的一員，便似乎與笈、奘的標準譯文不同來源了。這可待將來進一步研究。③不過，淨譯的「速」是有來源的。查世親《論》說：「於然燈佛前供養諸佛功德。於後末世受持此法門功德福多於彼者。此示速證菩提法故。」[176]可見原文並非「速至菩提」，這其實只是後人拿了世親的解釋來代替。

	什譯	得值八百四千萬億那由他諸佛，悉皆供養承事，無空過者。
	支譯	得值八十四億那由他百千萬諸佛，我皆親承供養，無空過者。
D44[177]	諦譯	後八萬四千百千俱胝諸佛如來已成佛竟，我皆承事供養恭敬，無空過者。
	笈譯	過四八十佛俱致那由多百千有，若我親承供養，親承供養已，不遠離。
	奘譯	曾值八十四俱胝那庾多百千諸佛我皆承事，既承事已皆無違犯。

---

[176] 天親菩薩造，〔元魏〕菩提流支大師譯《金剛般若波羅蜜經論》，《大正藏》，第 25 冊，卷 2，頁 790 中。

[177] D44：昭十六。什譯，頁 750 下、支譯，頁 755 上、諦譯，頁 764 中。笈譯，頁 769 下、奘譯，頁 983 中、淨譯，頁 774 上、M 譯，頁 131、C 譯，頁 56。

	淨譯	得值八十四億那庾多佛，悉皆供養承事，無違背者。
	M 譯	there were eighty-four hundred thousands of niyutas of kotîs of Buddhas......who were pleased by me, and after being pleased were not displeased.
	C 譯	I gave satisfaction by loyal service to 84,000 million milliards of Buddhas, without ever becoming again estranged from them.
	淺析	①各經所說佛數目參差，是因為「俱胝」與「那由他」這兩個名相的解釋古來便不一致[178]。張宏實認為那由他「等於現代的『億』數」及「俱胝=億」[179]，並不正確。事實難定，暫略過不論。 ②供養眾佛有兩種描述：1、意謂精進的，即什、支、諦三譯的「無空過者」，和笈、C 二譯的「不遠離」。2、意謂無忤逆的，即奘、淨、M 三譯。兩種描述都以供養（布施度攝）為主題，但前者約義是偏重以精進度來扶助布施度，如依破「能、所」去

---

[178] 〔唐〕圓測法師著《解深密經疏》卷 6：「明拘胝(也有以為是『俱胝』的)量：言拘胝者，此云億也。故解深密經說名為億，智度論亦名為億......十萬為洛叉；十洛叉為度洛叉；十度洛叉為俱胝......千萬名億；千萬億名那由他。解云：拘胝傳釋有三，一者十萬，二者百萬，三者千萬；謂此一拘胝三千大千世界，或至百數，或至千數，或百千數。」《卍續藏》，第 21 冊，卷 6，頁 323 下。因此，究竟俱胝是億，還是其他？則無從稽考了。
[179] 張宏實，《圖解金剛經》，頁 356 及 359，橡實文化，台灣，台北，2008 年 3 月。

		看，則破「所」的要求會偏重些；後者則偏重以忍辱度來扶助布施度，是比較個人的修養，則破「能」的要求相對會偏重些。③笈、C 二譯由「無空過者」更改成「不遠離」，相信亦是有來源的。查無著《論》說：「不空過者，常不離供養故。」[180]可見無著所用的底本原文是「無空過者」，而其解說卻為後人拿來代替原文並在笈、C 二譯所用的底本上應用。這種情況已接二連三地出現過好幾次。

	什譯	果報亦不可思議。
	支譯	果報亦不可思議。
	諦譯	得果報亦不可思議。
	笈譯	彼不可思，如是果報觀察應。
	奘譯	應當希冀不可思議所感異熟。
D45[181]	淨譯	其受持者，應當希望不可思議所生福聚。
	M 譯	its rewards also must be expected (to be) incomprehensible.
	C 譯	so just an unthinkable karma result should be expected from it.
	淺析	①「果報」與「異熟」，梵語同是 vipāka[182]，顯淺地說只是新、舊譯的差別。但以唯識

---

[180] 無著菩薩造，〔隋〕笈多大師譯《金剛般若波羅蜜經論》，《大正藏》，第 25 冊，卷 2，頁 775 下。
[181] D45：昭十六。什譯，頁 751 上、支譯，頁 755 上、諦譯，頁 764 下、笈譯，頁 769 下、奘譯，頁 983 中、淨譯，頁 774 上、M 譯，頁 132、C 譯，頁 57。
[182] 《佛光大辭典》，第六冊，頁 5157。

學的角度卻有不同，「果報」只如 C 譯的 'karma result'，是泛指業（梵語 karma）因所生出的果（梵語 phala [183] = 英語 result/fruit）。「異熟」卻只有由異熟因而生的果才稱爲異熟果（梵語 vipāka-phala）[184]。其他的，如由同類因而生之等流果（梵語 niṣyandaphala）[185]，雖然都攝於泛指的「果報」之內，卻不屬於「異熟」類。那麼奘譯的「異熟」，是泛指的？還是唯識學的？如是唯識學的，那恐怕便會與「不可思議」產生矛盾，變得可思可議了！

②奘、淨、M、C 四譯，都譯出「希冀/be expected（可被預料）」的字詞，這是對未生的事的一種期待，也是思維的作用吧。然而，若以空宗的立場說，「不可思議」的事（無爲法）應如何以思維去期待？故此，這明顯是有宗的見解！另外，若梵本中確有一個及物動詞的話，最適合的可能就是笈譯譯出的「觀察」，這亦會很好地呼應著昭四的無住行施。而且，藏中找不到其他「希冀不可思議」的例子，但卻有不少「（正）觀察不可思議」的例子。[186]

---

[183] 《佛光大辭典》，第四冊，頁 3320。

[184] 《佛光大辭典》，第六冊，頁 5159。

[185] 《佛光大辭典》，第六冊，頁 5172。

[186] 如〔東晉〕佛馱跋陀羅大師譯《大方廣佛華嚴經》：「觀察不可思議身，無有厭足。」《大正藏》，第 9 冊，卷 49，頁 711 上。又〔東晉〕法顯大師譯《佛說大般泥洹經》：「於世尊所應正觀察不可思議，當知如來非有爲法。」《大正藏》，第 12 冊，卷 1，頁 860 上。

		③淨譯以「所生福聚」代替他譯的「果報」，筆者懷疑這又是因為後人將無著《論》的見解：「此顯示彼福體及果不可測量故」[187]，拿來取代之故。

---

[187] 無著菩薩造，〔隋〕笈多大師譯《金剛般若波羅蜜經論》：「若有善男子、善女人，於後末世有受持、讀誦、修行此經，所得功德，若我具說者，或有人聞，心則狂亂」如是等，此顯示多故，或為狂因，或得亂心果應知。此之彼威力及彼多等，何人能說？是故經言：『須菩提！當知是法門不可思議，果報亦不可思議。』此顯示彼福體及果不可測量故。」，《大正藏》，第 25 冊，卷 2，頁 775 下。

第叁章　七十一項文本差異（後）

延續以上前半部經文的 45 項，現在繼續列出後半部的 26
項文本差異如下：

D46[188]	什譯	善男子、善女人，發阿耨多羅三藐三菩提者……實無有法發阿耨多羅三藐三菩提者。
	支譯	菩薩發阿耨多羅三藐三菩提心者……實無有法名為菩薩發阿耨多羅三藐三菩提心者。
	諦譯	善男子、善女人，發阿耨多羅三藐三菩提心者……須菩提！實無有法名為能行菩薩上乘。
	笈譯	菩薩乘發行……無有……一法菩薩乘發行名。
	奘譯	諸有發趣菩薩乘者……無有少法名為發趣菩薩乘者。
	淨譯	若有發趣菩薩乘者……實無有法可名發趣菩薩乘者。
	M 譯	He who has entered on the path of the Bodhisativas......there is no such thing (dharma) as one who has entered on the path of the Bodhisattvas.
	C 譯	someone who has set out in the

---

[188] D46：昭十七。什譯，頁 751 上、支譯，頁 755 中、諦譯，頁 764 下、笈譯，頁 769 下、奘譯，頁 983 下、淨譯，頁 774 上、M 譯，頁 132、C 譯，頁 57 至 58。

		Bodhisattva-vehicle...... He who has set out in the Bodhisattva-vehicle——he is not one of the dharmas.
	淺析	①在 D08（昭三）已說過，什譯須菩提第一問的主語是「善男子、善女人」，而佛當時回答所用的主語卻是「諸菩薩摩訶薩」。但這裏（昭十七）卻不同！須菩提用「善男子、善女人」作主語，佛亦正常地承接用「善男子、善女人」作主語。他譯則與 D08（昭三）一樣沒變。這會否是一項重要的線索呢？ ②八譯一致都把這裏的主題放在「發心（趣）者」之上，正顯示從這裏開始，主話題不再是談論昭四以來的「所」邊，而是要談論「能」邊。諦譯更非常醒目地譯出「能行」二字來說明這個推斷的合理性。 ③C 譯的後句 'He who has set out in the Bodhisattva-vehicle——he is not one of the dharmas'，意謂：「發趣菩薩乘的人——他不是諸法的其中之一。」這翻譯會混淆了佛法中對諸法性質的說明，甚至會令人誤解諸法是實有。因此這翻譯並不妥當。 這一項在第肆章會與 D08 等有關項目一起作詳論。
D47[189]	什譯	如我解佛所說義，佛於然燈佛所，無有法

---

[189] D47：昭十七。什譯，頁 751 上、支譯，頁 755 中、諦譯，頁 764 下、笈譯，頁 769 下、奘譯，頁 983 下、淨譯，頁 774 上、M 譯，頁 133、C

		得阿耨多羅三藐三菩提。
	支譯	如我解佛所說義，佛於燃燈佛所，無有法得阿耨多羅三藐三菩提。
	諦譯	於然燈佛所，無有一法如來所得，名阿耨多羅三藐三菩提。
	笈譯	無有彼……一法，若如來燈作如來、應、正遍知邊，無上正遍知證覺。
	奘譯	如我解佛所說義者，如來昔於然燈如來、應、正等覺所，無有少法能證阿耨多羅三藐三菩提。
	淨譯	如來於然燈佛所，無法可證，而得菩提。
	M譯	As far as I......understand the meaning of the preaching of the Bhagavat, there is nothing which has been adopted by the Tathâgata from the holy and fully enlightened Tathâgata Dîpankara with regard to the highest perfect knowledge.
	C譯	There is not any dharma by which the Tathagata, when he was with the Tathagata Dipankara, has fully known the utmost, right and perfect enlightenment.
	淺析	①有「如我解佛所說義」這個意思的，是什、支、奘、M四譯，餘譯缺。 ②完全清楚交待是以「能」邊的角度著墨的是奘譯的醒目字眼「能證」。什、支二譯雖然沒有「能」字，但依前文亦應是指「能得」。無獨有偶，此三譯都是有「如我解

佛所說義」一句的。此正顯示，即使是解空第一須菩提，亦會謙虛思維佛說的境界，而不會傲慢自以為已然全部已得。

③其餘五譯則又把話題轉回「所」邊去，尤其是諦譯的「所得」和淨譯的「可證」。筆者估計，這裏的有三種成因：1、梵文的「位格」文法令動詞、助動詞跟隨主語作語尾變化，「能得」或「所得」在文法上的表達差異不大，翻譯者必須憑佛法上的領悟作出用詞上的判斷。2、因為世親《論》的解釋是偏在「所」邊[190]，所以後人又再次取而代之。世親《論》的解釋，尤其反映在淨、C 二譯之中，非常明顯。3、利用 D46 的句子破「能得」、後再利用 D47 的句子破「所得」，以顯破我執、破法執的無兩種取著[191]。諦譯應該就是如此，在 D46 破「能」、在 D47 破「所」。總此前半部經已詳解「所」邊，而且討論得很深入明瞭，因此這幾個轉回「所」邊去的譯本，就無需要有「如我解佛所說義」一句了。

---

[190] 天親菩薩造，〔元魏〕菩提流支大師譯《金剛般若波羅蜜經論》：「於然燈佛時，非第一菩薩行。何以故？我於彼時所修諸行，無有一法得阿耨多羅三藐三菩提。若我於彼佛所，已證菩提，則後時諸佛不授我記。是故我於彼時行未成佛故。」《大正藏》，第 25 冊，卷 2，頁 791 上。

[191] 如〔唐〕窺基大師《金剛般若論會釋》引世親的解釋說：「天親云：『此中有疑，若無菩薩，云何釋迦於燃燈佛，行菩薩行？』此意但說，將入忍位觀無能取，頂位疑云：『既說無能取，菩薩亦無，誰於燃燈修菩薩行？』雖下忍位亦印所取無，中上忍位正觀無能取，遂隱下忍及第一法，印無二取，略而不論。」《大正藏》，第 40 冊，卷 2，頁 758 下。

		這亦說明這幾個譯本是以前淺後深遞進的角度解釋本經的（在第肆章會有說明）。但是參考了很多版本的 M 譯，不明句義所在，所以還是用了那句：'As far as I...understand the meaning of the preaching of the Bhagavat'。這同時顯示了 Müller 在翻譯時，是認爲沒有「如我解佛所說義」一句的譯文是欠譯了的，因此他才會加了進去。這也爲單純的文本對比而批判此對彼錯的謬誤，提供了鮮明的活例！
D48[192]	什譯	如來者，即諸法如義。
	支譯	言如來者，即實真如。
	諦譯	如來者，真如別名。
	笈譯	如來者……真如故此即是；如來者……不生法故此即是；世尊者……道斷此即是；如來者……畢竟不生故此即是。彼何所因？如是，彼實不生，若最勝義。
	奘譯	言如來者，即是真實真如增語；言如來者，即是無生法性增語；言如來者，即是永斷道路增語；言如來者，即是畢竟不生增語。何以故？……若實無生即最勝義。
	淨譯	言如來者，即是實性真如之異名也。
	M 譯	the name of Tathâgata? It expresses true suchness......It expresses that he had no

---

[192] D48：昭十七。什譯，頁 751 上、支譯，頁 755 中、諦譯，頁 765 上、笈譯，頁 770 上、奘譯，頁 984 上、淨譯，頁 774 中、M 譯，頁 133、C 譯，頁 58。

103

		origin......It expresses the destruction of all qualities......It expresses one who had no origin whatever. And why this? Because......no-origin is the highest goal.
	C 譯	'Tathagata'......is synonymous with true Suchness (tathata).
	淺析	①這裏：1、以純空宗思想，不立一實法，不落二邊地去描述的是什譯。2、以有宗思想立一實法「真如」，再將世稱的「如來」，或許是通過某種沒有明言、亦無法明言的技巧，使「如來」即是「真如」的，是支譯。3、將支譯的「如來」即「真如」作深度及合理解釋的是笈、奘、M 三譯。4、最後，不用技巧，直接承認「如來」與「真如」名異義同的是諦、淨、C 三譯。其中成因，當在下一章詳論。②假如我們認同印度大乘佛教的思想發展，是由性空進化成唯識，再進化至如來藏的過程的話，那從譯本上所呈現的不同面貌，大約已可知道各譯底本究屬大乘佛教哪個時期的思想產物了！因此，如學者們拿一本他們認同是後期如來藏思想的譯本，去評斷一本他們認同是前期性空思想的譯本為失真、欠譯、必須更正之類的話，那實是非常奇怪和矛盾！
D49[193]	什譯	我當滅度無量眾生，則不名菩薩。……我

---

[193] D49：昭十七。什譯，頁 751 中、支譯，頁 755 中、諦譯，頁 765 上、

		當莊嚴佛土，是不名菩薩。
	支譯	我當滅度無量眾生，則非菩薩。……我莊嚴佛國土，是不名菩薩。
	諦譯	我當般涅槃一切眾生，則不應說名為菩薩。……我當莊嚴清淨佛土，如此菩薩說虛妄言。
	笈譯	有眾生般涅槃滅度我，不彼菩薩名說應。……我佛土莊嚴成就，彼亦如是不名說應。
	奘譯	我當滅度無量有情，是則不應說名菩薩。……我當成辦佛土功德莊嚴，亦如是說。
	淨譯	我當度眾生令寂滅者，則不名菩薩。……我當成就佛土嚴勝、佛土嚴勝者，如來說為非是嚴勝，是故如來說為嚴勝。
	M 譯	"I shall deliver all beings," he ought not to be called a Bodhisattva. ...... "I shall create numbers of worlds," he would say what is untrue.
	C 譯	'I will lead beings to Nirvana', he should not be called a 'Bodhi-being'.......'I will create harmonious Buddhafields', he likewise should not be called a Bodhi-being.
	淺析	①這裏分兩句述說的經文，出現兩種譯法：1、前後兩句都以「不名菩薩」之類結句的，是什、支、笈、奘、C 五譯，這種譯

笈譯，頁 770 上、奘譯，頁 984 上、淨譯，頁 774 中、M 譯，頁 134 至 135、C 譯，頁 59。

		法前後兩句都著重破「能」邊。2、前句以「不名菩薩」之類結句、後句以 D27（昭十）相同的「說虛妄言」，或否定佛土實有的方式結句的，是諦、淨、M 三譯，這種譯法前句破「能」邊，後句破「所」邊。②如與 D46 及 D47 一起去看，則只有什、支二譯，亦是最早譯出的二譯，是全部四句都著重在破「能」邊。其他六譯則各有不同程度的變化。大概而言，唯識學多說人無我、法無我的次第。那麼，前句破人我，後句破法我的寫法，當與唯識家教義比較相近。[194]
D50[195]	什譯	若菩薩通達無我法者，如來說名真是菩薩。
	支譯	若菩薩通達無我、無我法者，如來說名真是菩薩菩薩。
	諦譯	若菩薩信見諸法無我、諸法無我，如來應

---

[194] 如〔隋〕吉藏大師，《百論疏》所說：「問：塵識位既無淺深，我空、法空亦無淺深；何故《攝論》（唯識家的《攝大乘論》）等云：十解菩薩得人空，未得法空？答：須深識此義！我之與法皆是想謂，並秤為塵。於塵內破之自有難易！人塵五情取之不得，故易除，十住得人無我；法塵五情取之並得，故難破，故未得法無我。」《大正藏》，第 42 冊，卷 1，頁 237 下。可見唯識家特別著重人無我、法無我的修證次第。空宗卻是如《大智度論》的：「觀一切法空，所謂眾生空，法空。」《大正藏》，第 25 冊，卷 20，頁 207 中，是直接觀一切法空的。這亦是為什麼吉藏大師設題中便提到「我空、法空亦無淺深」的疑問，因為空宗的思想就是如此地與唯識家不同。

[195] D50：昭十七。什譯，頁 751 中、支譯，頁 755 下、諦譯，頁 765 上、笈譯，頁 770 中、奘譯，頁 984 上、淨譯，頁 774 中、M 譯，頁 135、C 譯，頁 59。

		供正遍覺說是名菩薩，是名菩薩。
	笈譯	若……菩薩摩訶薩無我法、無我法者信解，彼如來、應、正遍知，菩薩摩訶薩名說。
	奘譯	若諸菩薩於無我法無我法深信解者，如來、應、正等覺說為菩薩菩薩。
	淨譯	若有信解一切法無性、一切法無性者，如來說名真是菩薩、菩薩。
	M 譯	A Bodhisattva......who believes that all things are without self, that all things are without self, he has faith, he is called a noble-minded Bodhisattva by the holy and fully enlightened Tathâgata.
	C 譯	The Bodhisattva......who is intent on 'without self are the dharmas, without self are the dharmas', him the Tathagata, the Arhat, the fully Enlightened One has declared to be a Bodhi-being, a great being.
	淺析	①八譯同以「如來說名真是菩薩」之類作總結，可見由後半部開始至今，無論各譯譯文是描述破「能」邊或是破「所」邊，始終還是為了彰顯破「能」邊的菩薩。②什譯的「無我法者」，由支譯的「無我、無我法者」起，餘譯便一概開為兩句。無著《論》說：「此言為二種無我故，謂人無我、法無我。」[196] 說明這是依唯識所重

---

[196] 無著菩薩造，〔隋〕笈多大師譯《金剛般若波羅蜜經論》：「經言『須菩提！若菩薩通達無我、無我法』者，此言為二種無我故，謂人無我、法無

		視的「二無我」教理而開出的講法。原始《金剛經》會否如此著重「二無我」思想呢？值得我們深思！ ③事實上，這種唯識「二無我」的教義與寫法，及其展開的意義，貫徹了什譯以外的其餘七譯，這是非常明顯的。如支譯的「眾生、眾生者，如來說非眾生，是名眾生」[197]，實屬強調「人我、法我」的唯識思想。因為它的出現次數頗多，所以本文也不會逐一抽出比較，而只會隨遇隨論。 ④若與 D46、D47 和 D49 等一併觀察，更顯示八譯中唯有什譯是由始至終完全從破「能」邊去說的。 ⑤淨譯的「一切法無性」與他譯不同，令人懷疑是否底本再有改動。因「無我」的梵語是 anātman[198]；「自性」卻是 svabhāva[199]。但暫時無從考究。
D51[200]	什譯	所有眾生，若干種心，如來悉知。何以故？

我。」《大正藏》，第 25 冊，卷 3，頁 777 上。

[197] 支譯，頁 756 上。這句在什譯雖然也有出現(昭二十一)，但據〔宋〕子璿法師著《金剛經纂要刊定記》說：「經云：『何以故？須菩提！眾生、眾生者，如來說非眾生是名眾生。』……此上經文魏譯則有，秦本則無，既二論皆釋此文，後人添入亦無所失。」《大正藏》，第 33 冊，卷 6，頁 220 下；故相信是後人添加的。雖然子璿法師認為「添入亦無所失」，但以本文討論的角度說，這實屬強調「法我、人我」的唯識思想。

[198]《佛光大辭典》，第六冊，頁 5087。

[199]《佛光大辭典》，第三冊，頁 2524。

[200] D51：昭十八。什譯，頁 751 中、支譯，頁 755 下、諦譯，頁 765 中、

		如來說諸心，皆為非心，是名為心。
	支譯	所有眾生，若干種心住，如來悉知。何以故？如來說諸心住，皆為非心住，是名為心住。
	諦譯	所有眾生，我悉見知心相續住，有種種類。何以故？須菩提，心相續住，如來說非續住，故說續住。
	笈譯	彼中世界中眾生，彼等我種種有心流注知。彼何所因？心流注、心流注者，善實，非流注，此如來說彼故，說名心流注者。
	奘譯	彼諸有情，各有種種，其心流注，我悉能知。何以故？善現，心流注、心流注者，如來說非流注，是故如來說名心流注、心流注。
	淨譯	此世界中所有眾生，種種性行，其心流轉，我悉了知。何以故？妙生！心陀羅尼者，如來說為無持，由無持故，心遂流轉。
	M譯	As many beings as there are in all those worlds, I know the manifold trains of thought of them all. And why? Because what was preached as the train of thoughts, the train of thoughts indeed, O Subhûti, that was preached by the Tathâgata as no-train of thoughts, and therefore it is called the train of thoughts.
	C譯	As many beings as there are in these world

笈譯，頁 770 中、奘譯，頁 984 中、淨譯，頁 774 中、M 譯，頁 136、C 譯，頁 60。

		systems, of them I know, in my wisdom, the manifold trends of thought. And why? 'Trends of thought, trends of thought', Subhuti, as no trends have they been taught by the Tathagata. Therefore are they called 'trends of thought'.
	淺析	①由什譯的「心」，至支譯的「心住」，再進而諦譯的「心相續住」及之後的「心流注」[201]與「心流轉」，時間的觀念越加明顯，這正說明了不同派系思想的關注不同。空宗關注當下的心能否體證空性，因此心知一切不實，令心不生至爲重要[202]，故一「心」字便足以說明，若還要說心相續的話，那便墮在世俗法了。[203]唯識卻關注心相續的問題，因爲唯識教義中，阿賴耶識確實有[204]，而且是一種相續不斷的型態[205]，所以只許說它（相續地）住於什麼，

---

[201] 〔唐〕道氤法師集《御注金剛般若波羅蜜經宣演》：「心流注者，謂三世心。」《大正藏》，第 85 冊，卷 2，頁 38 上。
[202] 〔後秦〕鳩摩羅什大師譯《摩訶般若波羅蜜經》：「色不相續即是色無生，色無生即是色不滅，色無滅即是色無依處；受想行識乃至一切種智亦如是。」《大正藏》，第 8 冊，卷 15，頁 332 上。
[203] 如《大智度論》：「知無有實受樂者；但世俗法以諸心相續故，謂爲一相受樂。」《大正藏》，第 25 冊，卷 19，頁 200 中。
[204] 《瑜伽師地論》卷 51：「證阿賴耶識決定是有。」《大正藏》，第 30 冊，卷 51，頁 579 上。
[205] 〔唐〕護法等菩薩造，玄奘譯《成唯識論》卷 3：「阿賴耶識爲斷爲常？非斷非常？以恒轉故，恒謂此識無始時來一類相續，常無間斷，是界趣生施設本故。」《大正藏》，第 31 冊，卷 3，頁 12 中。

		但不能說它空。
		②唯識家這個「心住於什麼」的關注，到淨譯達致高峰！淨譯的那句「心陀羅尼者，如來說為無持，由無持故，心遂流轉」與眾不同；無著在義淨翻譯的《論釋》中，解釋得很清楚。他說「陀羅尼」有「執持」與「流注」兩個意義；「執持」是指執持正念處（四念處乃至三十七道品）[206]，若沒有這樣做，那就是「無持」，心識就會「流轉（注）」於虛妄顛倒裏去。[207]這種完全以無著的見解取代原來「佛說、即非、是名」的寫法，當可見到梵本的改動受派系影響之深了！ ③C 譯中有一句 'in my wisdom'（由我智慧），餘譯皆無，是哪裏來的卻無從猜測。
D52[208]	什譯	過去心不可得，現在心不可得，未來心不可得。

---

[206]如〔北涼〕曇無讖法師譯《大方等大集經》：「一切三昧忍辱光明慧方便門，三十七品心陀羅尼。」《大正藏》，第 13 冊，卷 21，頁 144 上。

[207]〔唐〕無著菩薩造，義淨大師譯《能斷金剛般若波羅蜜多經論釋》：「何因名識為心流轉？經云：如來說為無陀羅者，此顯離於念處性故。由彼念處是此持處，彼若無者，即是無持。陀羅喃、阿羅痾、陀羅，此之三名，共目二義，皆得名持，亦有流注義。由無持故，心即流散。言無持者，為顯常轉之緣，既無持故，顯其常轉，是虛妄性。」《大正藏》，第 25 冊，卷 2，頁 881 中。

[208] D52：昭十八。什譯，頁 751 中、支譯，頁 755 下、諦譯，頁 765 中、笈譯，頁 770 中、奘譯，頁 984 中、淨譯，頁 774 中、M 譯，頁 136、C 譯，頁 60。

支譯	過去心不可得，現在心不可得，未來心不可得。	
諦譯	過去心不可得，未來心不可得，現在心不可得。	
笈譯	過去……心不可得，未來心不可得，現在心不可得。	
奘譯	過去心不可得，未來心不可得，現在心不可得。	
淨譯	過去心不可得，未來心不可得，現在心不可得。	
M 譯	a past thought is not perceived, a future thought is not perceived, and the present thought is not perceived.	
C 譯	Past thought is not got at; future thought is not got at; present thought is not got at.	
淺析	①什、支二譯的排列是過、現、未的次序，餘六譯是過、未、現。翻查無著《論》，引用經文時是用過、現、未的次序[209]，足見經文原來亦是這樣排列的。但無著在釋經時卻用過、未、現的次序[210]，世親《論》更分開兩組去說：「過、未」合爲「（現在無） 故不可得」的一組、「現在」名爲	

---

[209] 無著菩薩造，〔隋〕笈多大師譯《金剛般若波羅蜜經論》：「須菩提！過去心不可得，現在心不可得，未來心不可得。」《大正藏》，第 25 冊，卷 3，頁 777 中。

[210] 無著菩薩造，〔隋〕笈多大師譯《金剛般若波羅蜜經論》：「於中，過去心不可得者，已滅故；未來者，未有故；現在者，第一義故。」《大正藏》，第 25 冊，卷 3，頁 777 下。

| | | 「虛妄分別，故不可得」的另一組來說明[211]！可見諦譯起的梵本，便已依二《論》改寫成無著、世親的見解。這種過、未不可得、現在虛妄的見解，窺基大師便曾解釋名爲「唯識三世」[212]，故知即使是經文的微細改動，也是遷就著唯識的教義。須補充的是，雖然空宗的《中論》也有提出類似「唯識三世」的見解[213]，但以他們的立場看，相信還是首先注重「四性不生」[214]，做爲「八不」的根本。因此，三世如何排列對空宗的教義並不會構成影響。②後半部經文由「能取」的人（菩薩）開始談起，逐步深入「能取的根」（以眼爲代表），最終談到「能取的心」，這論述「能」邊的大方向，是八譯所共通。 |
| D53[215] | 什譯 | 若有人滿三千大千世界七寶以用布施…… |

---

[211] 天親菩薩造，〔元魏〕菩提流支大師譯《金剛般若波羅蜜經論》：「以過去、未來，故不可得；現在心虛妄分別，故不可得。如是示彼心住顛倒，諸識虛妄，以無三世觀故。」《大正藏》，第25冊，卷3，頁792下。

[212] 〔唐〕窺基大師著《瑜伽師地論略纂》：「唯識三世者，先識上有曾、當境等故，如凡夫等緣過、未境。此境當心現，以識上妄有功能，影像相生，與識無別種，似三世法生。此實現在法，託曾緣種子、當緣種子，而生此影像。此由唯識妄故名唯識。」《大正藏》，第43冊，卷13，頁180中。

[213] 龍樹菩薩造，〔後秦〕鳩摩羅什大師譯《中論》：「已去無有去，未去亦無去；離已去未去，去時亦無去。」《大正藏》，第30冊，卷1，頁3下。

[214] 龍樹菩薩造，〔後秦〕鳩摩羅什大師譯《中論》：「諸法不自生，亦不從他生，不共不無因，是故知無生。」《大正藏》，第30冊，卷1，頁2中。

[215] D53：昭十九。什譯，頁751中、支譯，頁755下、諦譯，頁765中、笈譯，頁770中、奘譯，頁984中、淨譯，頁774中、M譯，頁136至

		若福德有實，如來不說得福德多；以福德無故，如來說得福德多。
	支譯	若有人以滿三千大千世界七寶持用布施……若福德聚有實，如來則不說福德聚、福德聚。
	諦譯	若有人以滿三千大千世界七寶……若福德聚，但名為聚，如來則不應說是福德聚、是福德聚。
	笈譯	若三千大千世界七寶滿作已施與……若復……福聚有，不如來說福聚、福聚者。
	奘譯	以此三千大千世界盛滿七寶奉施……若有福聚，如來不說福聚福聚。
	淨譯	若人以滿三千大千世界七寶布施……若此福聚是福聚者，如來則不說為福聚、福聚。
	M譯	if......should fill this sphere of a million millions of worlds with the seven treasures, and give it as a gift......If......there existed a stock of merit, the Tathâgata would not have preached: "A stock of merit, a stock of merit indeed!"
	C譯	if......had filled this world system of 1,000 million worlds with the seven precious things, and then gave it as a gift......if......there were such a thing as a heap of merit, the Tathagata would not have spoken of a 'heap of merit'.
	淺析	①這裏八譯皆以滿三千大千世界七寶做為

137、C譯，頁60。

		布施之物，與昭八的布施份量完全相同。故此可知，前後二半經文應是重覆談論著相同的東西，只不過是以不同的角度去談而已，即所謂「能」、「所」的兩種角度。②D23（昭八）中，什譯是從福德本身的「性」這角度去談，即所謂「所」得之物；此處卻是結合昭十八，從「能」得之「心」的角度去談三世福德的問題。因爲三心的不可得，所以什譯用了兩句話：「若福德有實……以福德無故」，說明福德於「心」而言，非實、且無，故此才可依世俗論說它的變化是多是少。必須施設因果關係的唯識學卻不能這樣說！因爲唯識學認爲，現在心的「虛妄分別」，當然是「非實」，但世間因果，卻不能說「且無」，就如《金剛仙論》所說：「不言無漏福德亦非福德聚也！」[216]爲表達這個，支譯起的七譯，便乾脆把什譯兩句話中的第二句「以福德無故」刪去，保留了對因果做補充說明的空間。
D54[217]	什譯	佛可以具足色身見不？……如來可以具足

---

[216] 天親菩薩造，金剛仙論師釋，〔元魏〕菩提流支大師譯《金剛仙論》：「二種福德聚：一是取相有漏福德聚、二是不取相無漏福德聚。我言非福德聚者，明有漏福德聚非趣菩提無漏福德聚，不言無漏福德亦非福德聚也！那得以彼三千世界七寶布施取相福德是顛倒故，難我此中初地以上不取相布施無漏福德亦使是顛倒也！」《大正藏》，第25冊，卷8，頁853下。

[217] D54：昭二十。什譯，頁751下、支譯，頁756上、諦譯，頁765中、笈譯，頁770下、奘譯，頁984中、淨譯，頁774下、M譯，頁137、C

		諸相見不？
	支譯	佛可以具足色身見不？……如來可以具足諸相見不？
	諦譯	可以具足色身觀如來不？……可以具足諸相觀如來不？
	笈譯	色身成就如來見應？……相具足如來見應？
	奘譯	可以色身圓實觀如來不？……可以諸相具足觀如來不？
	淨譯	可以色身圓滿觀如來不？……可以具相觀如來不？
	M譯	is a Tathâgata to be seen (known) by the shape of his visible body?......should a Tathâgata be seen (known) by the possession of signs?
	C譯	is the Tathagata to be seen by means of the accomplishment of his form-body?......is the Tathagata to be seen through his possession of marks?
	淺析	①D14（昭五）中，什、諦二譯以「身相」起問，他譯都僅譯出「相」。但這裏卻不同，八譯都把「色身（所謂八十隨形）」與「相（所謂三十二相）」譯出，而且是分別以前後兩句作出詢問。 ②什、諦二譯在這兩處的譯文很有意思！在D14把「身相」合起來討論，重點顯然是放在這個「所」邊的「身相」之上。但

		D54 這裏，把「色身」與「相」分別討論，可見重點已改爲放在造就它兩的共同條件（因緣），就是「能見（觀）」色相及「能分別」具不具足的「心、識」之上！這種觀點，古今學者似乎都沒注意到，而是都把注意力放回「色身」與「相」這「所」邊來論述。這樣做義理上當然沒有錯誤，但卻可能令修學者產生經義重覆的猶豫，並無法令修行者掌握增上的好處。 ③奘譯「色身圓實」以空宗義理也許難以解通，試問有爲的「色身」如何「圓實」？若觀至空，則「色身」已無，又何來「色身」和「圓實」？不過，依彌勒菩薩的唯識學，「圓實」是可分有爲與無爲的，只要境界中不產生顛倒，亦可稱爲圓實。[218]
D55[219]	什譯	若人言「如來有所說法」，即爲謗佛，不能解我所說故。須菩提！說法者，無法可說，是名說法。
	支譯	若人言「如來有所說法」，即爲謗佛，不能解我所說故。何以故？須菩提！如來說法、說法者，無法可說，是名說法。

---

[218] 〔唐〕彌勒菩薩造，世親菩薩釋，玄奘大師譯《辯中邊論》：「圓成實總有二種：無爲、有爲，有差別故。無爲總攝真如涅槃，無變異故名圓成實。有爲總攝一切聖道，於境無倒故亦名圓成實。」《大正藏》，第 31 冊，卷 2，頁 469 下。

[219] D55：昭二十一。什譯，頁 751 下、支譯，頁 756 上、諦譯，頁 765 中、笈譯，頁 770 下、奘譯，頁 984 下、淨譯，頁 774 下、M 譯，頁 137 至 138、C 譯，頁 60。

	諦譯	若有人言「如來實能說法」,汝應當知,是人由非實有,及以邪執,起誹謗我。何以故?須菩提!說法、說法,實無有法名為說法。
	笈譯	若我,善實!如是語「如來法說」,誹謗我。彼,善實!不實取。彼何所因?法說、法說者,善實!無有法,若法說名可得。
	奘譯	若言「如來有所說法」,即為謗我,為非善取。何以故?善現!說法、說法者,無法可得故名說法。
	淨譯	若言「如來有所說法」者,則為謗我。何以故?言說法、說法者,無法可說,是名說法。
	M譯	If a man should say that the Law has been taught by the Tathâgata, he would say what is not true; he would slander me with untruth which he has learned. And why? Because, O Subhûti, it is said the teaching of the Law, the teaching of the Law indeed. O Subhûti, there is nothing that can be perceived by the name of the teaching of the Law.
	C譯	Whosoever, Subhuti, would say, 'the Tathagata has demonstrated Dharma', he would speak falsely, he would misrepresent me by seizing on what is not there. And why? 'Demonstration of dharma, demonstration of dharma', Subhuti, there is

118

		not any dharma which could be got at as a demonstration of dharma.
	淺析	①完全表達了正在談「能」邊的，是諦譯的「如來實能說法」，餘譯都用「如來有」及「所」說法去顯出「能」說者。什譯有一末句「說法者，無法可說，是名說法」，也表示是在討論「能」邊。這一句在支譯開始，便以 D50 已說明過的唯識家「二無我」教義取代，變成了「說法（法我）、說法者（人我），無法可說，是名說法」的表述方式。 ②什、支二譯的「不能解我所說故」，在諦譯起便以「非實有，及以邪執」之類的方法表述。當中提及「實有」的見解，這在空宗自然是不會出現的主張。

	什譯	（缺）
	支譯	（缺）
	諦譯	……如來所捨……是故說名阿耨多羅三藐三菩提平等平等。復次，須菩提！諸佛覺知，無有差別，是故說名阿耨多羅三藐三菩提。……
D56[220]	笈譯	（缺）
	奘譯	……如我解佛所說義者……
	淨譯	（缺）
	M 譯	（缺）
	C 譯	（缺）

---

[220] D56：昭二十二。諦譯，頁 765 下、奘譯，頁 984 下。

	淺析	諦譯與奘譯在須菩提的回應中，各自都加入一句別本沒有的句子。如何得來暫無從稽考。

D57[221]	什譯	是法平等，無有高下，是名阿耨多羅三藐三菩提。以無我、無人、無眾生、無壽者，修一切善法，則得阿耨多羅三藐三菩提。
	支譯	是法平等，無有高下，是名阿耨多羅三藐三菩提。以無眾生、無人、無壽者，得平等阿耨多羅三藐三菩提，一切善法得阿耨多羅三藐三菩提。
	諦譯	此法平等，無有高下，是名阿耨多羅三藐三菩提。復次，須菩提！由法無我、無眾生、無壽者、無受者等，此法平等，故名阿耨多羅三藐三菩提。復次，須菩提！由實善法具足圓滿，得阿耨多羅三藐三菩提。
	笈譯	平等正法，彼不中有不平等，彼故說名無上正遍知者。無我故、無壽故、無眾生故、無人故，平等。無上正遍知，一切善法證覺。
	奘譯	是法平等，於其中間無不平等，故名無上正等菩提。以無我性、無有情性、無命者性、無士夫性、無補特伽羅等性平等，故名無上正等菩提一切善法無不現證、一切善法無不妙覺。

[221] D57：昭二十三。什譯，頁 751 下、支譯，頁 756 上、諦譯，頁 765 下、笈譯，頁 770 下、奘譯，頁 984 下、淨譯，頁 774 下、M 譯，頁 138 至 139、C 譯，頁 60。

	淨譯	是法平等，無有高下，故名無上正等菩提。以無我、無眾生、無壽者、無更求趣性，其性平等，故名無上正等菩提。一切善法皆正覺了，故名無上正等正覺。
	M 譯	all is the same there, there is no difference there, and therefore it is called the highest perfect knowledge. Free from self, free from being, free from life, free from personality, that highest perfect knowledge is always the same, and thus known with all good things.
	C 譯	self-identical (sama) is that dharma, and nothing is therein at variance (vishama). Therefore is it called 'utmost, right (samyak) and perfect (sam-) enlightenment'. Self-identical through the absence of a self, a being, a soul, or a person, the utmost, right and perfect enlightenment is fully known as the totality of all the wholesome dharmas.
	淺析	①什譯的「是法平等，無有高下」，別本有譯作「無不平等」或 'self-identical'（同一）（梵語 sama 解作「同一」、「均等」都可以）[222]。所要表示的，相信都是無上菩提的無分別智慧。 ②什譯「無四相」的部份，諦譯以「由『法』

---

[222] *Sanskirt Dictionary*："sama = equable, neutral, indifferent"；查詢時間：台灣 2015 年 11 月 10 日 16:00；網址：http://sanskritdictionary.com/。

		無我……」表示了唯識家對成就菩提的主張正在此「法無我」。奘譯則以「性」字，而不是「所」邊的用詞「想轉」，來表示這是「能」邊（心）的確切覺悟到「無我性……」等等。 ③什譯「以無我……修一切善法，則得阿耨多羅三藐三菩提」，這道理是要結合無相與修有為善法，方可證得無上菩提。相反，別本的後兩句次序是倒過來寫的。這便有前述彌勒《辯中邊論》：「於境無倒故亦名圓成實」的意味了（見D54）。依此理，則須先對二無我有所體悟，體證「圓成實」，以此「無倒」心相應平等的無上妙覺，然後再應用到一切善法上，使它們都相應無上妙覺。這是唯二無我可以證得無上菩提的理論。這大概亦是空宗與有宗之間的最大差異，當中還有非常值得討論的，會在下一章探討。	
D58[223]	什譯	凡夫者，如來說則非凡夫。	
	支譯	毛道凡夫生者，如來說名非生，是故言毛道凡夫生。	
	諦譯	嬰兒凡夫眾生者，如來說非眾生，故說嬰兒凡夫眾生。	
	笈譯	小兒凡夫生、小兒凡夫生者……非生，彼，	

---

[223] D58：昭二十五。什譯，頁752上、支譯，頁756中、諦譯，頁765下、笈譯，頁771上、奘譯，頁985上、淨譯，頁775上、M譯，頁140、C譯，頁62。

		如來說；彼故，說名小兒凡夫生者。
	奘譯	愚夫異生者，如來說為非生，故名愚夫異生。
	淨譯	愚夫眾生，如來說為非生，故名愚夫眾生。
	M譯	they who were preached as children and ignorant persons......were preached as no-persons by the Tathâgata, and therefore they are called children and ignorant persons.
	C譯	'Foolish common people', Subhuti, as really no people have they been taught by the Tathagata. Therefore are they called 'foolish common people'.
	淺析	D32（昭十三）中，便曾出現「是名般若波羅蜜」一句的存廢問題。當時支、諦二譯是沒有「是名」一句的，而淨譯就更將一整段移到昭十四，並除去「是名」一句。現在這裏卻只有什譯沒有「故名」一句，其餘七譯都有。查世親《論》，在引經處是有「是故言毛道凡夫生」的。但在論解的部份，卻只解釋「如來說名非生者，不生聖人法故言非生」的這句前句，而沒有解釋後句！[224]這不禁令人覺得，後句「是故言」是後加的。及後在《金剛仙論》終於出現了為「是故言」的解釋，但那解釋卻奇怪地竟是把原來世親《論》對「非生」的解

---

[224] 天親菩薩造，〔元魏〕菩提流支大師譯《金剛般若波羅蜜經論》：「又須菩提！毛道凡夫生者，如來說名非生者，不生聖人法故言非生。」《大正藏》，第25冊，卷3，頁794下。

		釋移後成為「是故言」的解釋：「是故言毛道凡夫生者，是但能起於我見，不生聖人法故」！[225]前後「非生」與「是故言」，二《論》卻用同一解釋，相信「是故言」一句是後加的可能性就更大了！但就影響到以後什譯外的所有譯本，都補加了這一句。
D59[226]	什譯	須菩提言：「如是，如是！以三十二相觀如來。」佛言：「須菩提！若以三十二相觀如來者，轉輪聖王則是如來。」須菩提白佛言：「世尊！如我解佛所說義，不應以三十二相觀如來。」
	支譯	須菩提言：「如我解如來所說義，不以相成就得見如來。」佛言：「如是，如是！須菩提！不以相成就得見如來。」

[225] 天親菩薩造，金剛仙論師釋，〔元魏〕菩提流支大師譯《金剛仙論》：「毛道者，此義釋云，愚癡闇冥無有智慧，名為毛道。此中須菩提應問：『世尊！云何名為毛道凡夫？我未解此義，願如來為我解釋。』故佛答須菩提，毛道凡夫生者，如來說名非生。此云生者，生之言，起毛道凡夫，起於我見，故言生也。……說名非生者，明毛道凡夫但能起於我見等，或不能生彼出世無漏聖解，故言非生也。是故言毛道凡夫生者，是但能起於我見，不生聖人法故，結名為毛道凡夫生也。」《大正藏》，第 25 冊，卷 9，頁 862 上。

[226] D59：昭二十六。什譯，頁 752 上、支譯，頁 756 中、諦譯，頁 765 下、笈譯，頁 771 上、奘譯，頁 985 上、淨譯，頁 775 上、M 譯，頁 140、C 譯，頁 62 至 63。

		佛言：「須菩提！若以相成就觀如來者，轉輪聖王應是如來，是故非以相成就得見如來。」
	諦譯	須菩提言：「如我解佛所說義，不以具足相應觀如來。」 佛言：「如是，須菩提！如是。不以具足相應觀如來。何以故？若以具足相觀如來者，轉輪聖王應是如來，是故不以具足相應觀如來。」
	笈譯	善實言：「不如此，世尊！如我，世尊說義解，我不相具足如來見應。」 世尊言：「善，善！善實！如是，如是！善實！如如語汝，不相具足如來見應。彼何所因？彼復，善實！相具足如來見應；有彼王轉輪，如來有；彼故，不相具足如來見應，此相非相故，如來見應。」 爾時，命者善實世尊邊如是言：「如我，世尊！世尊說義解，我不相具足如來見應。」
	奘譯	善現答言：「如我解佛所說義者，不應以諸相具足觀於如來。」 佛言：「善現！善哉！善哉！如是！如是！如汝所說。不應以諸相具足觀於如來。善現！若以諸相具足觀如來者，轉輪聖王應是如來，是故不應以諸相具足觀於如來，如是應以諸相非相觀於如來。」
	淨譯	「不爾，世尊！不應以具相觀於如來。」 「妙生！若以具相觀如來者，轉輪聖王應是如來，是故不應以具相觀如來，應以

		諸相非相觀於如來。」
	M 譯	Subhûti said: 'Not indeed, O Bhagavat. So far as I know the meaning of the preaching of the Bhagavat, the Tathâgata is not to be seen (known) by the possession of signs.' Bhagavat said: 'Good, good, Subhûti, so it is, Subhûti; so it is, as you say; a Tathâgata is not to be seen (known) by the possession of signs. And why? Because, O Subhûti, if the Tathâgata were to be seen (known) by the possession of signs, a wheel-turning king also would be a Tathâgata; therefore a Tathâgata is not to be seen (known) by the possession of signs.' The venerable Subhûti spoke thus to the Bhagavat: 'As I understand the meaning of the preaching of the Bhagavat, a Tathâgata is not to be seen (known) by the possession of signs.'
	C 譯	Subhuti replied: No indeed, O Lord. The Lord said: If, Subhuti, the Tathagata could be recognized by his possession of marks, then also the universal monarch would be a Tathagata. Therefore the Tathagata is not to be seen by means of his possession of marks. Subhuti then said: As I, O Lord, understand the Lord's teaching, the Tathagata is not to be seen through his possession of marks.

淺析		①為方便解釋，這裏以什譯的三句對話，分「如是，如是」句為簡稱句 1；「轉輪聖王」句為簡稱句 2；「如我解佛所說義」句為簡稱句 3。人物方面，佛簡稱 B，須菩提簡稱 S。那麼，什譯的三句是以 S 說句 1、B 說句 2、S 說句 3 的次序排列，簡單表示就是 S1/B2/S3。支、諦、笈、奘、M 五譯的則是 S3/B1/B2，但五譯的句 1 都變成否定句；笈譯在 B2 多加一句「彼故，不相具足如來見應，此相非相故，如來見應」；笈、M 二譯之後再重覆 S3 一次；奘譯多加一句「如是應以諸相非相觀於如來」。淨、C 二譯只有兩句：S3/B2，兩者 S3 都缺少「如我解佛所說義」句；淨譯 B2 多加一句「應以諸相非相觀於如來」；C 譯之後再重覆 S3 一次。因此，排列上就有三種型式：S1/B2/S3、S3/B1/B2、S3/B2。 ②當中，存在句 1 而且不是否定的，就只有什譯。其理由，我們當在第肆章詳論。 ③餘七譯的情況都是以 S3 排在最前。但排在第二的句 1，說話的人卻由須菩提變成佛。這與在第三位的句 2 之間，便出現了同由佛一人說兩句話的情況！顯示這個奇象的是支譯，它好像沒有注意到當中的怪異，竟不合理地出現連續兩次「佛言」的說話！也許到諦譯見到這問題，便刪減了第二個「佛言」，並將句 1、句 2 合併為一整段。 ④到淨譯時，相信更是發現到，當 B1 以否

		定句說出，便只有重說 S3 的作用，實在可有可無。而且，這句與什譯（假設其底本是較早版本）的不至否定存在極大差異，故常常表現得十分聰慧的淨譯，刪掉了句 1，便可避免無謂的爭論。從這裏一直至 D62，是八譯中最峰迴路轉的差異，必須在下一章詳論。
D60[227]	什譯	若以色見我，以音聲求我，是人行邪道，不能見如來。
	支譯	若以色見我，以音聲求我，是人行邪道，不能見如來。 彼如來妙體，即法身諸佛，法體不可見，彼識不能知。
	諦譯	若以色見我，以音聲求我，是人行邪道，不應得見我。 由法應見佛，調御法為身，此法非識境，法如深難見。
	笈譯	若我色見，若我聲求，邪解脫行，不我見彼。 法體佛見應，法身彼如來，法體及不識，故彼不能知。
	奘譯	諸以色觀我，以音聲尋我，彼生履邪斷，不能當見我。 應觀佛法性，即導師法身，法性非所識，

---

227 D60：昭二十六。什譯，頁 752 上、支譯，頁 756 中、諦譯，頁 766 上、笈譯，頁 771 上、奘譯，頁 985 上、淨譯，頁 775 上、M 譯，頁 140 至 141、C 譯，頁 63。

		故彼不能了。
	淨譯	若以色見我，以音聲求我，是人起邪觀，不能當見我。 應觀佛法性，即導師法身，法性非所識，故彼不能了。
	M譯	They who saw me by form, and they who heard me by sound, They engaged in false endeavours, will not see me. A Buddha is to be seen (known) from the Law; for the Lords (Buddhas) have the Law-body; And the nature of the Law cannot be understood, nor can it be made to be understood.
	C譯	Those who by my form did see me, And those who followed me by voice Wrong the efforts they engaged in, Me those people will not see. From the Dharma should one see the Buddhas, From the Dharmabodies comes their guidance. Yet Dharma's true nature cannot be discerned, And no one can be conscious of it as an object.
	淺析	這是什譯遭受很多「欠譯」指責的偈誦，宜另闢深論。

D61[228]	什譯	須菩提！汝若作是念：如來不以具足相故，得阿耨多羅三藐三菩提。須菩提！莫作是念：如來不以具足相故，得阿耨多羅三藐三菩提。
	支譯	須菩提！於意云何？如來可以相成就得阿耨多羅三藐三菩提？須菩提！莫作是念：如來以相成就得阿耨多羅三藐三菩提。
	諦譯	須菩提！汝意云何？如來可以具足相得阿耨多羅三藐三菩提不？須菩提！汝今不應作如是見：如來以具足相得阿耨多羅三藐三菩提。何以故？須菩提！如來不由具足相得阿耨多羅三藐三菩提。
	笈譯	彼何意念？善實！相具足，如來無上正遍知證覺？不，復彼，善實！如是見應。彼何所因？不，善實！相具足，如來無上正遍知證覺。
	奘譯	於汝意云何？如來、應、正等覺以諸相具足現證無上正等覺耶？善現！汝今勿當作如是觀。何以故？善現！如來、應、正等覺不以諸相具足現證無上正等菩提。
	淨譯	（缺）
	M譯	What do you think then, O Subhûti, has the highest perfect knowledge been known by the Tathâgata through the possession of signs? You should not think so, O Subhûti.

[228] D61：昭二十七。什譯，頁 752 上、支譯，頁 756 中、諦譯，頁 766 上、笈譯，頁 771 上、奘譯，頁 985 上、淨譯，缺、M 譯，頁 141、C 譯，頁 63。

130

		And why? Because, O Subhûti, the highest perfect knowledge would not be known by the Tathâgata through the possession of signs.
	C 譯	What do you think, Subhuti, has the Tathagata fully known the utmost, right and perfect enlightenment through his possession of marks? Not so should you see it, Subhuti. And why? Because the Tathagata could surely not have fully known the utmost, right and perfect enlightenment through his possession of marks.
	淺析	「莫作是念」究竟是「不以」還是「以」具足相？什譯與他譯在此又再次出現兩極對立！淨譯在如此的無、有對立的爭議處，再三出現缺句的情況，實在非常值得注意！以上等等都會在下文詳論。

	什譯	莫作是念！何以故？發阿耨多羅三藐三菩提心者，於法不說斷滅相。
D62[229]	支譯	莫作是念！何以故？菩薩發阿耨多羅三藐三菩提心者，不說諸法斷滅相。
	諦譯	汝莫作此見！何以故？如來不說行菩薩乘人有法可滅，及以永斷。

---

[229] D62：昭二十七。什譯，頁 752 上、支譯，頁 756 中、諦譯，頁 766 上、笈譯，頁 771 中、奘譯，頁 985 中、淨譯，頁 775 上、M 譯，頁 141、C 譯，頁 63。

	笈譯	不復善實如是見應，彼何所因？不菩薩乘發行有法破滅，施設不斷。
	奘譯	汝今勿當作如是觀，諸有發趣菩薩乘者，終不施設少法若壞若斷。
	淨譯	諸有發趣菩薩乘者，其所有法是斷滅不？汝莫作是見。何以故？趣菩薩乘者，其法不失。
	M 譯	......Nor should anybody......say to you that the destruction or annihilation of any thing is proclaimed by those who have entered on the path of the Bodhisattvas.
	C 譯	Nor should anyone......say to you, 'those who have set out in the Bodhisattva-vehicle have conceived the destruction of a dharma, or its annihilation'. Not so should you see it......For those who have set out in the Bodhisattva-vehicle have not conceived the destruction of a dharma, or its annihilation.
	淺析	①什、支二譯續用「發阿耨多羅三藐三菩提心者」作主語；餘譯都以「發趣菩薩乘者」為主語。 ②淨譯結尾比餘譯多了一句：「何以故？趣菩薩乘者，其法不失。」相信這句亦是來自世親《論》的見解：「示現福德不失，而更得清淨殊勝功德，是故不失」[230]，而被後

---

[230] 天親菩薩造，〔元魏〕菩提流支大師譯《金剛般若波羅蜜經論》：「有人起如是心，諸菩薩摩訶薩得無生法忍，以得出世間智，失彼福德及以果報。為遮此故，示現福德不失，而更得清淨殊勝功德，是故不失。如經：何以

		人所加了進去。 ③M、C二譯將漢譯的「莫作是念」譯作'Nor should anybody（或 anyone）......say to you'（意謂：或有人對你這樣說……亦不正確）。這是唯英譯本獨有的特別差異。

D63[231]	什譯	知一切法無我，得成於忍
	支譯	知一切法無我，得無生法忍
	諦譯	於一切法無我、無生，得無生忍
	笈譯	無我、無生中，法中忍得
	奘譯	於諸無我、無生法中，獲得堪忍
	淨譯	於無我理、不生法中，得忍解
	M譯	acquired endurance in selfless and uncreated things
	C譯	would gain the patient acquiescence in dharmas which are nothing of themselves and which fail to be produced
	淺析	什譯「知一切法無我」是依空宗義「諸法無我、我所空」[232]而說。但自諦譯起，「無我」便一分爲二，成爲「於一切法無我、無生」。世親《論》說：「有二種無我。」[233]

故？菩薩發阿耨多羅三藐三菩提心者，於法不說斷滅相故。」《大正藏》，第 25 冊，卷 3，頁 795 中。

[231] D63：昭二十八。什譯，頁 752 上、支譯，頁 756 下、諦譯，頁 766 上、笈譯，頁 771 中、奘譯，頁 985 中、淨譯，頁 775 上、M 譯，頁 141、C 譯，頁 63。

[232] 《大智度論》：「觀諸法無我、我所空，諸法從因緣和合生，無有作者，無有受者，是名空門。」《大正藏》，第 25 冊，卷 20，頁 206 上。

[233] 天親菩薩造，〔元魏〕菩提流支大師譯《金剛般若波羅蜜經論》：「若復

		說明這是建基於唯識家「二無我」的思想。《金剛仙論》亦認為,知五陰無神我、人及以壽者,名為「無我」;知因緣、真如二種法無我,名為「無生」。[234]此亦即「人無我、法無我」的「二無我」思想。可見譯文由空宗轉變成唯識思想是非常明顯的。
D64[235]	什譯	須菩提白佛言:世尊!云何菩薩不受福德? 須菩提!菩薩所作福德,不應貪著,是故說不受福德。
	支譯	須菩提白佛言:世尊!菩薩不取福德? 佛言:須菩提!菩薩受福德,不取福德,是故菩薩取福德。
	諦譯	須菩提言:此福德聚,可攝持不? 佛言:須菩提!此福德聚,可得攝持,不可執取。是故說此福德之聚,應可攝持。
	笈譯	命者善實言:不,世尊!菩薩福聚取應? 世尊言:取應,善實!不取應,彼故說名

有菩薩知一切法無我,得無生法忍者:有二種無我,不生二種無我相,是故受而不取。」《大正藏》,第 25 冊,卷 3,頁 795 中。

[234] 天親菩薩造,金剛仙論師釋,〔元魏〕菩提流支大師譯《金剛仙論》卷9:「知一切法無我者,於一切眾生五陰有為法中,解知從本以來無有神我、人及以壽者,故言知一切法無我也。得無生忍者,是因緣、真如二種法無我。明因緣法體本來不生,名為無生。真如法體本來寂絕我無我相,名為無生。」《大正藏》,第 25 冊,卷 9,頁 865 中。

[235] D64:昭二十八。什譯,頁 752 上、支譯,頁 756 下、諦譯,頁 766上、笈譯,頁 771 中、奘譯,頁 985 中、淨譯,頁 775 上、M 譯,頁 141、C 譯,頁 64。

		取應。
	奘譯	具壽善現即白佛言：世尊！云何菩薩不應攝受福聚？ 佛言：善現！所應攝受不應攝受，是故說名所應攝受。
	淨譯	妙生言：菩薩豈不取福聚耶？ 佛告妙生：是應正取，不應越取，是故說取。
	M 譯	Subhûti said: 'Should a stock of merit, O Bhagavat, not be appropriated by a Bodhisattva?' Bhagavat said: 'It should be appropriated, O Subhûti; it should not be appropriated; and therefore it is said: It should be appropriated.'
	C 譯	Subhuti said: Surely, O Lord, the Bodhisattva should acquire a heap of merit?The Lord said: 'Should acquire', Subhuti, not 'should seize upon.' Therefore is it said, 'should acquire'.
	淺析	①須菩提的問句有兩類：1、反問「為什麼不……」的模式，如什、支、笈、奘、淨、M 等六譯屬這類；2、直問「可否……」的模式，諦、C 二譯屬此類。 ②佛的回答則似有三類：1、「雙不」式，只有什譯的「不應貪著，是故說不受福德」，兩句皆否定屬於此類。2、「前否後許」式，諦、淨、C 三譯屬此類。3、「即非是名」式，支、笈、奘、M 等四譯屬這類。

		③從這項差異，當可見原文的多樣性。大致上，什譯的表述相信是近似原貌的，尤其是「不受福德」，明顯是與聲聞乘的「不受後有」[236]同曲異工。正如本經前面利用過的「筏喻」（昭六），聲聞乘亦是以「不欲令受」為目的的[237]。但在《金剛經》智慧的描述下，都在不離聲聞原有基礎上，補充與建立起大乘的定義與旗幟！
D65[238]	什譯	若有人言：如來若來、若去、若坐、若臥。
	支譯	若有人言：如來若去、若來、若住、若坐、若臥。
	諦譯	若有人言：如來行、住、坐、臥。
	笈譯	若有如是語：如來去、若不去、若住、若坐、若臥、若如法。
	奘譯	若有說言：如來若去、若來、若住、若坐、若臥。
	淨譯	如有說言：如來若來、若去、若坐、若臥。
	M譯	if anybody were to say that the Tathâgata goes, or comes, or stands, or sits, or lies down......
	C譯	Whosoever says that the Tathagata goes or

---

[236] 如〔劉宋〕求那跋陀羅法師譯《雜阿含經》：「我生已盡，梵行已立，所作已作，自知不受後有。」《大正藏》，第2冊，卷1，頁1上。

[237]〔東晉〕僧伽提婆譯《中阿含經》：「我為汝等長夜說筏喻法，欲令棄捨，不欲令受故。」《大正藏》，第1冊，卷54，頁764中。

[238] D65：昭二十九。什譯，頁752中、支譯，頁756下、諦譯，頁766上、笈譯，頁771中、奘譯，頁985中、淨譯，頁775上、M譯，頁142、C譯，頁64。

		comes, stands, sits or lies down……
	淺析	若依中觀派的見解，「住」依「來、去」而有，若「來、去」決定是不實，「住」根本就不用談，如《中論》偈所說：「去者則不住，不去者不住；離去不去者，何有第三住？」[239]大概什譯就是因此而沒有「住」。但立有如來常住說的有宗思想，卻必須強調說明世間的「住」並非如來常住那樣的「不變不異」。[240]除淨譯外，餘譯約義就是如此，所以便加入了「住」。
D66[241]	什譯	一合相者，則是不可說，但凡夫之人貪著其事。
	支譯	一合相者，則是不可說，但凡夫之人貪著其事。
	諦譯	此聚一執，但世言說……是法非可言法，嬰兒凡夫偏言所取。

[239] 龍樹菩薩造，〔後秦〕鳩摩羅什大師譯《中論》卷1〈2 觀去來品〉：「『去者則不住，不去者不住；離去不去者，何有第三住？』若有住有住者，應去者住，若不去者住；若離此二，應有第三住。是事不然！去者不住，去未息故，與去相違名為住；不去者亦不住，何以故？因去法滅故有住，無去則無住；離去者不去者，更無第三住者，若有第三住者，即在去者不去者中，以是故，不得言去者住。」《大正藏》，第30冊，卷1，頁4下。

[240] 天親菩薩造，〔元魏〕菩提流支大師譯《金剛般若波羅蜜經論》卷3：「如經何以故如來者，無所至去、無所從來。此義云何？若如來有去來差別，即不得言常如是住。常如是住者，不變不異故。」《大正藏》，第25冊，卷3，頁795下。(CBETA, T25, no. 1511, p. 795, c15-18)

[241] D66：昭三十。什譯，頁752中、支譯，頁756下、諦譯，頁766中、笈譯，頁771中、奘譯，頁985中、淨譯，頁775中、M譯，頁143、C譯，頁65。

笈譯	搏取,如是……不世俗語,不可說,非法,非非法,彼小兒凡夫生取。	
奘譯	此一合執不可言說、不可戲論,然彼一切愚夫異生強執是法。	
淨譯	此聚執者,是世言論,然其體性,實無可說,但是愚夫異生之所妄執。	
M譯	And a belief in matter itself......is unmentionable and inexpressible; it is neither a thing nor no-thing, and this is known by children and ignorant persons.	
C譯	that 'seizing on a material object' is a matter of linguistic convention, a verbal expression without factual content. It is not a dharma nor a no-dharma. And yet the foolish common people have seized upon it.	
淺析	①什、支二譯的「則是不可說」,餘譯多了兩種變化:1、如諦譯的「但世言說」,餘六譯都增加了這個意思。只是奘譯以「戲論」一詞表述,大概是依《解深密經》的「相、名、分別,言說戲論,習氣執受」[242]吧。兩英譯本缺乏「世俗」的意思,只譯出'inexpressible' 和 'linguistic convention'。	

---

[242]〔唐〕玄奘大師譯《解深密經》:「廣慧當知,於六趣生死彼彼有情,墮彼彼有情眾中,或在卵生、或在胎生、或在濕生、或在化生,身分生起,於中最初一切種子心識成熟、展轉、和合、增長、廣大。依二執受:一者、有色諸根及所依執受;二者、相、名、分別,言說戲論,習氣執受。」《大正藏》,第16冊,卷1,頁692中。

增加了「但世言說」，相信是來自無著
《論》：「世言說故，有彼搏取」[243]的見解，
爲後人所加，因無著《論》引經文處沒有
「但世言說」的句子或意思。淨譯額外增
多了「然其體性」，這其實亦是來自無著
《論》中「第一義故」之意。2、如笈譯的
「非法，非非法」，餘譯中僅兩英譯譯出。
這一方面是承上經文的相同說法，另一方
面則是隨順無著《論》「世言說故……第一
義故」的二諦說法，而建立「小兒凡夫如
言說取，非第一義」的結論。可見唯識家
宗於其祖師言說的態度何其嚴謹，故在經
文處便早作妥善的改動與安排。
②什、支二譯的「貪著」，他譯都換成了「取」
或「執」。見上引的無著《論》便是引用經
文中的「貪著」二字，解釋爲「搏取」和
「如言說取」。查世親《論》，亦是解釋爲
「取」和「妄取」。[244]唯識家兩大祖師的解
釋，深入經藏的程度實可見一斑。

---

[243] 無著菩薩造，〔隋〕笈多大師譯《金剛般若波羅蜜經論》：「經說：一合
相者，即是不可說等，此何所顯示？世言說故，有彼搏取；第一義故，彼
法不可說。彼小兒凡夫如言說取，非第一義。」《大正藏》，第 25 冊，卷
3，頁 780 中。
[244] 天親菩薩造，〔元魏〕菩提流支大師譯《金剛般若波羅蜜經論》：「以彼
聚集無物可取，虛妄分別，是故凡夫妄取，若有實者，即是正見故知妄取。
何故凡夫無物而取物？如經佛言：須菩提，一合相者，則是不可說，但凡
夫之人貪著其事！」《大正藏》，第 25 冊，卷 3，頁 796 中。

D67[245]	什譯	若人言：佛說我見……是人解我所說義不？
	支譯	若人如是言：佛說我見……是人所說為正語不？
	諦譯	若有人言：如來說我見……是人言說，為正語不？
	笈譯	如是說：我見……如來說……彼……正說語？
	奘譯	若作是言：如來宣說我見……如是所說為正語不？
	淨譯	如有說云：佛說我見……是為正說為不正耶？
	M譯	if a man were to say that belief in self......would he be speaking truly?
	C譯	whosoever would say that the view of a self has been taught by the Tathagata......would he......be speaking right?
	淺析	什譯的「是人解我所說義不？」重在「解義」，即是重在般若智慧的領會與體悟。餘譯的「正語（說）」，則重在行為與說話內容的品質。《大智度論》說：「以無漏智慧除、捨、離餘口邪業，是名正語。」[246]又說：

[245] D67：昭三十一。什譯，頁752中、支譯，頁756下、諦譯，頁766中、笈譯，頁771中、奘譯，頁985中、淨譯，頁775中、M譯，頁143、C譯，頁66。
[246]《大智度論》：「除四種邪命，攝口業，以無漏智慧除、捨、離餘口邪業，是名正語。」《大正藏》，第25冊，卷19，頁203上。

		「正語者，菩薩知一切語皆從虛妄不實顛倒取相分別生。」[247]皆是重在般若智慧的體悟。什譯重般若，因此以「解義」為主，表示只要智慧發起，「正語」自然顯現。不過，《瑜伽師地論》說：「三種修法：謂修戒修定修慧；正語正業正命，名為修戒；正念正定，名為修定；正見正思惟正精進，名為修慧。」[248]又說：「由正見增上力故，起善思惟，發起種種如法言論，是名正語。」[249]可見「語」在瑜伽行派的義理中，多少具備一些獨立性，可以成為一個階段中當做獨立修行的方法，卻又不是完全脫離智慧，相反亦然。因此，依此而說的餘譯，均沒有偏重標榜智慧，而是以「正語」來含攝二者於其中。
D68[250]	什譯	發阿耨多羅三藐三菩提心者，於一切法，

---

[247] 《大智度論》：「正語者，菩薩知一切語皆從虛妄不實顛倒取相分別生，是時菩薩作是念：語中無語相，一切口業滅，知諸語實相，是為正語。是諸語皆無所從來，滅亦無所去，是菩薩行正語法。諸有所語，皆住實相中說。以是故諸經說：『菩薩住正語中，能作清淨口業。』知一切語言真相，雖有所說，不墮邪語。」《大正藏》，第 25 冊，卷 19，頁 205 中。

[248] 《瑜伽師地論》卷 15：「有八支聖道所攝，令諸苾芻究竟斷結。三種修法：謂修戒修定修慧。正語正業正命，名為修戒；正念正定，名為修定；正見正思惟正精進，名為修慧。」《大正藏》，第 30 冊，卷 15，頁 355 上。

[249] 《瑜伽師地論》卷 29：「若心趣入諸所言論，即由正見增上力故，起善思惟，發起種種如法言論，是名正語。」《大正藏》，第 30 冊，卷 29，頁 445 上。

[250] D68：昭三十一。什譯，頁 752 中、支譯，頁 756 下、諦譯，頁 766 中、笈譯，頁 771 下、奘譯，頁 985 下、淨譯，頁 775 中、M 譯，頁 143、

		應如是知，如是見，如是信解，不生法相。
	支譯	菩薩發阿耨多羅三藐三菩提心者，於一切法，應如是知，如是見，如是信，如是不住法相。
	諦譯	若人行菩薩乘，如是應知應見應信，一切諸法；如是應修，為令法想不得生起。
	笈譯	菩薩乘發行，一切法知應，見應，信解應。如信解，如無法想亦住。
	奘譯	諸有發趣菩薩乘者，於一切法應如是知，應如是見，應如是信解，如是不住法想。
	淨譯	諸有發趣菩薩乘者，於一切法，應如是知，如是見，如是解。如是解者，乃至法想亦無所住。
	M譯	are all things to be perceived, to be looked upon, and to be believed by one who has entered on the path of the Bodhisattvas. And in this wise are they to be perceived, to be looked upon, and to be believed, that a man should believe neither in the idea of a thing nor in the idea of a no-thing.
	C譯	someone who has set out in the Bodhisattva-vehicle should know all dharmas, view them, be intent on them. And he should know, view and be intent on them in such a way that he does not set up the perception of a dharma.
	淺析	①在此總結之時，什、支二譯繼續以「發

C譯，頁66。

			阿耨多羅三藐三菩提心者」作爲主語。餘譯則以「發趣菩薩乘者」之類爲主語。②什譯的「信解」有三種翻譯：1、「信解」，有相信和領會的意思，是什、笈、奘三譯所用。2、「信」，只有相信之意，是支、諦、淨、M 四譯所同用。3、'be intent on'，即決心實行，僅 C 譯使用。無著《論》甚至認爲這裏應是無分別中所顯「勝解」的意思。[251] ③什譯的「不生法相」，諦、C 等合共三譯所用，與餘譯的「不住」之意有所不同。看來是與「無相」與「無住」的重視不同有關。這項有值得深論的地方，就留待下一章與其他相關經文一起討論。
D69[252]		什譯	云何爲人演說，不取於相，如如不動？
		支譯	云何爲人演說，而不名說，是名爲說？
		諦譯	云何顯說此經？如無所顯說，故言顯說；如如不動，恒有正說。
		笈譯	云何及廣說？如不廣說，彼故說名廣說。
		奘譯	云何爲他宣說、開示？如不爲他宣說、開

---

[251] 無著菩薩造，〔隋〕笈多大師譯《金剛般若波羅蜜經論》卷 3：「經言：應如是知，如是見，如是信者，此顯示增上心、增上智故，於無分別中知、見、勝解。於中，若智依止奢摩他故知，依止毗鉢舍那故見，此二依止三摩提故勝解，以三摩提自在故，解內攀緣影像，彼名勝解。經言：如是不住法相者，此正顯示無分別。」《大正藏》，第 25 冊，卷 3，頁 780 中。

[252] D69：昭三十二。什譯，頁 752 中、支譯，頁 757 上、諦譯，頁 766 中、笈譯，頁 771 下、奘譯，頁 985 下、淨譯，頁 775 中、M 譯，頁 144、C 譯，頁 67。

		示，故名為他宣說、開示。
	淨譯	云何正說？無法可說，是名正說。
	M 譯	And how should he explain it?
	C 譯	how would he illuminate it? So as not to reveal. Therefore is it said, 'he would illuminate'.
	淺析	①什譯的「不取於相」，與上一條 D68 的「不生法相」，二者形成了強烈的互相呼應！「不生」強調「無相」;「不取」則強調「無住」。當中存在什麼關係？後當深論。 ②什譯的「如如不動」，僅諦譯有譯出。所謂「如如」，比羅什稍早一些來華的無羅叉法師，便在《放光般若經》中譯謂:「是諸法住，亦如如住、……如不動移住。」[253]說明「如如」的體性是「不動」。更說:「云何如如？夫如者，亦非五陰亦不離五陰;如亦非道亦不離道。」[254]說明即非、亦不離有爲法;如用《金剛經》的術語說，就是「即非……是名」，亦即「不取於相」便契合「如如」。因此，什譯的意思就是:通過「不取於相」（展開後即是「即非……是名」的應用），就可達到「如如不動」的目的。

---

[253] 〔西晉〕無羅叉法師譯《放光般若經》:「是諸法住，亦如如住、如法性住、如真際住、如普住、如不思議性住、如不動移住，是所住處亦不來亦不去。」《大正藏》，第 8 冊，卷 12，頁 82 中。

[254] 〔西晉〕無羅叉法師譯《放光般若經》，《大正藏》，第 8 冊，卷 13，頁 89 下。

		③支譯以降的七譯，除 M 譯外，其實就是在文字上演繹這個「即非，是名」的義理，展開了什譯「不取於相」的描述。諦譯更是語重深長，將各譯的重點都譯出了。M譯卻窮空至極，將所有重點都隱沒了！

D70[255]	什譯	一切有為法，如夢幻泡影，如露亦如電，應作如是觀。
	支譯	一切有為法，如星翳燈幻、露泡夢電雲，應作如是觀。
	諦譯	應觀有為法，如暗、翳、燈、幻、露、泡、夢、電、雲。
	笈譯	星、翳、燈、幻、露、泡、夢、電、雲，見如是，此有為者。
	奘譯	諸和合所為，如星翳燈幻，露泡夢電雲，應作如是觀。
	淨譯	一切有為法，如星翳燈幻，露泡夢電雲，應作如是觀。
	M 譯	As in the sky: Stars, darkness, a lamp, a phantom, dew, a bubble.A dream, a flash of lightning, and a cloud--thus we should look upon the world (all that was made).
	C 譯	As stars, a fault of vision, as a lamp, A mock show, dew drops, or a bubble, A dream, a lightning flash, or cloud, So

---

[255] D70：昭三十二。什譯，頁 752 中、支譯，頁 757 上、諦譯，頁 766 中、笈譯，頁 771 下、奘譯，頁 985 下、淨譯，頁 775 中、M 譯，頁 144、C 譯，頁 68。

		should one view what is conditioned.
	淺析	張宏實在《圖解金剛經》中認為，羅什在此「曾做了適當的修減……如果還原梵文完整版本……比喻上比鳩摩羅什多了三種」[256]，說明張氏認為差異的主因就在羅什動了手腳！從文本對比中可見到的是，什譯比餘譯實是少了四種：「星（諦譯是暗）、翳、燈、雲」。不過，餘譯亦比什譯少了一種：「影」。另外，若只看彼此共同的五種，什譯的順序是：夢、幻、泡、露、電；餘七則是：幻、露、泡、夢、電。其實動手腳的是誰？當在第肆章詳論。

D71[257]	什譯	長老須菩提及諸比丘、比丘尼、優婆塞、優婆夷，一切世間天、人、阿修羅……
	支譯	長老須菩提，及諸比丘、比丘尼、優婆塞、優婆夷、菩薩摩訶薩，一切世間天、人、阿修羅、乾闥婆等……
	諦譯	大德須菩提，心進歡喜，及諸比丘、比丘尼、優婆塞、優婆夷眾，人、天、阿修羅等……
	笈譯	上座善實，彼及比丘、比丘尼、優婆塞、優婆夷，彼天、人、阿脩羅、乾闥婆等……
	奘譯	尊者善現及諸苾芻、苾芻尼、鄔波索迦、

---

256 張宏實《圖解金剛經》，頁 485，橡實文化，台灣，台北，2008 年 3 月。
257 D71：昭三十二。什譯，頁 752 中、支譯，頁 757 上、諦譯，頁 766 中、笈譯，頁 771 下、奘譯，頁 985 下、淨譯，頁 775 中、M 譯，頁 144、C 譯，頁 71。

		鄔波斯迦，并諸世間天、人、阿素洛、健達縛等……
	淨譯	具壽妙生，及諸菩薩摩訶薩、苾芻、苾芻尼、鄔波索迦、鄔波斯迦，一切世間天、人、阿蘇羅等……
	M譯	The elder Subhûti, and the friars, nuns, the faithful laymen and women, and the Bodhisattvas also, and the whole world of gods, men, evil spirits and fairies
	C譯	the Elder Subhuti, the monks and nuns, the pious laymen and laywomen, and the Bodhisattvas, and the whole world with its Gods, men, Asuras and Gandharvas
	淺析	①支、淨、M、C四譯，結尾隨喜眾中出現「諸菩薩摩訶薩」。回顧開頭，僅M、C二譯同聞眾中出現'Bodhisattvas'。②支、笈、奘、M、C五譯，有「乾闥婆」在席隨喜眾。其餘隨喜眾則八譯相同。按《金剛仙論》，同聞眾是應該齊全的，只是經文從略而已。[258]但從八譯對比看，並不是每本都有「諸菩薩摩訶薩」或「乾闥婆」，則此說又未必合理。或許，「諸菩薩摩訶薩」是出於

---

[258] 天親菩薩造，金剛仙論師釋，〔元魏〕菩提流支大師譯《金剛仙論》：「以此中具列四眾、八部及諸大菩薩故，明知序中引同聞時，亦應具有，以經略故闕也。」《大正藏》，第25冊，卷10，頁874中。

		大乘興起並穩固後的情況。而原是印度神祇並不噉酒肉[259]的「乾闥婆」，是否標誌著攝取印度教儀風俗的密乘準備要興起？或是特尊彌勒的瑜伽行派，追隨祖訓「發心不食肉」[260]，而以「乾闥婆」做象徵？這就暫難斷定。

小結

從以上七十一項差異，雖概略卻明顯地看到派系思想對經文的影響是如何既細微又深遠。當中有一些改動，是因要開展得更有次第而做的，如 D15 就是。另有一些改動，是因為空、有理論的不同而作出的，如 D48 便屬此類。更有一些是非常明顯地採用前人釋經論的觀點，直接或間接併入經文中的，如 D18 就是最佳例子。做為題外話的是，從 D18 的「佛智、佛眼」的觀點，甚可反推證明窺基大師所謂：《金剛仙論》是「南地吳人」所造的主張[261]，有可能不正確。因為《論》中這個觀點，後竟在

---

[259]〔隋〕智顗大師說，湛然大師略《維摩經略疏》：「乾闥婆此云香陰，此亦凌空之神，不噉酒肉，唯香資陰。」《大正藏》，第 38 冊，卷 2，頁 582上。

[260]〔唐〕般若大師譯《大乘本生心地觀經》：「彌勒菩薩法王子，從初發心不食肉，以是因緣名慈氏，為欲成熟諸眾生。」《大正藏》，第 3 冊，卷 3，頁 305 下。

[261]〔唐〕窺基大師著《金剛般若經贊述》：「論者然今唐國有三本流行於世：一、謂世親所制翻，或兩卷或三卷成；二、無著所造，或一卷或兩卷成；三、金剛仙所造，即謂南地吳人，非真聖教也。」《大正藏》，第 33 冊，卷 1，頁 125 下。

印度本土，影響了當地的梵本流傳至今，並爲 M、C 二譯所採用！
這可能是研究本論題的一項額外收獲。

「改動模式」是當中最值得注意的，也是爲什麼本文要用八
譯來對比的原因。因爲若非如此，當中的改動規律就無法察知，
並導致學者誤判，以爲某個改動是一下子就由什譯變成如奘譯的
那樣子，造成人們以爲什譯不精準的錯覺。殊不知改動背後原來
大有文章！

筆者發現，若與唯識家的盛衰結合一起來看，改動模式約可
分爲以下 4 種：

1、起始改動模式：即在支譯起便已做出改動項目，這些都
是重要的教義或原則性改動，如 D48 對眞如的肯定。又如 D50
對「二無我」教義的確立，都說明了這些唯識家的核心思想，必
須在其建立的初期，便得以完成。流支約在西元 508 年來華，剛
好就是印度的唯識家始創者們：彌勒、無著、世親三大菩薩相繼
出世之後不久，這絕非巧合吧！

2、漸進改動模式：最顯見的是 D07 有關「發心」逐漸變爲
「發趣菩薩乘」的改動。這種改動通常是經過支、諦、笈三譯逐
步改動完成的，如 D22 涉及無爲法與賢聖的關係就是如此。筆
者相信這有可能間接反映了唯識家興起的過程，亦是如此地漸進
完成，而非一步而蹴。

3、「三三式」改動模式：此謂改動的分界線在諦、笈二譯之

間，即前三本漢譯與後三本漢譯截然不同，故名爲「三三式」。如 D33 由「得」一下子變成「生」，及最明顯的 D01 經題加入的「能斷」。筆者相信這些都是出於唯識家發展的頂盛期，人力物力幾達巔峰，又對祖師的見解推崇備至，但亦不時發明種種創新見解，故能對經文全面檢討，因爲這類改動都和非常細緻的法義有關，是不太可能從初期便深入到那種程度的。若翻查歷史，諦師是在西元 546 年來華，而笈師則在 590 年來華。在這四、五十年間，應該就是印度唯識家的頂盛期！當時的主要人物正是唯識十大論師！這當可作爲筆者觀點的助證。另外，M、C 二譯的內容，大多接近「三三式」改動以後的漢譯本，當中原因便極可能與唯識家的頂盛與積極弘揚有關，故令各地留下大量傳教用的經本並保存至今！這假設當然需要進一步的研究做確定。

4、衰退期改動模式：即在唯識家主導印度佛教的衰退期所做出的改動。這些項目似乎都與奘、淨二譯有關，特別是淨譯，這可能是因爲經歷了空、有二宗的爭論而成的（按：第肆章會有詳論）。如奘譯 D10 非常特殊的「八相」、淨譯出現缺譯或增減的項目：D32 的整段調動、D61 的全句刪除，都是明顯例子。但從 M、C 二譯的內容中未能得見，可知這些改動大多都沒有引起廣泛傳播而無法保全下來，致使沒能被今人所發現出土。

除以上外，當然還有一些零碎的種類，如 D13 的諦、淨二譯皆缺，而笈、奘譯與什、支譯截然不同的特殊情形，也是有的。

但這類改動當可視爲以上模式異時起作用的結果。以 D13 來說，應該就是漸進模式與衰退期模式異時起作用所使然。因此，具體可分的改動模式，大概就是以上四類。

　　據實而言，從上面的論述可知，一般的梵、漢文本對比，不可能得出孰是孰非的正確判斷。這些往下都會做更深入的探索與論證，務求盡力爲本題目給予合理的結論。

第肆章　重要思想的演進

所謂重要思想，是指對《金剛經》的全經起著關鍵作用的思想和其中所涉及的義理。八譯重要思想的不同在哪裏？其實於上二章中亦大抵分別出來。只是在本章，我們將會更深入地對某些重要思想做出討論。

第一節　大乘正宗的開教

所謂大乘正宗，正如昭明太子爲昭三所立的分題名稱一樣，就是指大乘教的宗旨，這是佛陀對大乘教的開顯，以說明其中的特質。因此，本節以須菩提的前後兩次詢問爲主，討論範圍涉及二問的理由、內容和佛的兩次基本回答。討論這些是因爲當中牽涉到大乘立教的一些基本原則，八譯之間存在差異將可能反映出這些原則已有所改變。而改變的內容爲何？今嘗試透過以下的討論來說明。

一、須菩提前後二問

須菩提在經中爲同一問題先後發問過兩次，現首先研究發問兩次的理由。因爲古今都對此有不同的解釋，而不同的解釋又會影響著往後經文所處的立場，所以必須先明白清楚。篇幅所限，這裏無法將古今的主張都一一羅列，但綜合來說，大致就是兩種

觀點：

　　第一種觀點認為是「文同意異」，即前後二問雖然文意相同，但實質要詢問的內容不同。如宗密大師認為「文雖似前，問意全別。」[262]就是這觀點的代表。暫不討論不同人所指的內容如何不同，但就普遍性而言，這種觀點實屬主流的看法。而持這種觀點的，都會連帶認為《金剛經》從頭至尾是一個相續的、由淺至深的義理敘述過程。而所謂的由淺至深，一般就是說第一問所涉及的屬於淺，第二問所涉及的屬於深。文獻中最早有這種見解的，可能是三論宗的吉藏大師，他說：「前云無我人相，此是人空；今云我相即是非相，此則明法空。」[263]只是當中的人空、法空，似非中觀派所宗，反而像是從強調二無我思想的唯識學借來用的那樣！今人方面，以龍樹菩薩「二道」[264]、「五菩提」[265]解

---

[262]〔唐〕，宗密大師述，子璿法師記《金剛經疏記科會》：「文雖似前，問意全別。○意云：若人發心，則無有我，是誰降伏其心？」《卍續藏》，第25冊，卷8，頁455下。

[263]〔隋〕吉藏大師《金剛般若疏》，《大正藏》，第33冊，卷4，頁115上。

[264]　龍樹菩薩造，〔後秦〕鳩摩羅什大師譯《大智度論》：「菩薩道有二種：一者、般若波羅蜜道，二者、方便道。先囑累者，為說般若波羅蜜體竟；今以說令眾生得是般若方便竟，囑累。以是故，見阿閦佛後，說〈漚和拘捨羅品〉。」《大正藏》，第25冊，卷100，頁628下。按：先囑累約指《大品》第六十六品；後囑累約指《大品》第九十品。

[265]　同上《大智度論》：「有五種菩提：一者、名發心菩提，於無量生死中發心，為阿耨多羅三藐三菩提故，名為菩提——此因中說果；二者、名伏心菩提，折諸煩惱，降伏其心，行諸波羅蜜；三者、名明菩提，觀三世諸法本末總相、別相，分別籌量，得諸法實相，畢竟清淨，所謂般若波羅蜜相；四者、名出到菩提，於般若波羅蜜中得方便力故，亦不著般若波羅蜜，

說《金剛經》的印順法師則認為第一問為證無我，第二問以無我再發心紹隆佛種[266]，雖用詞不同吉藏，但看法類似。張宏實的《圖解金剛經》則說：「此分（指昭十七的第二問）……他們是已經達到菩薩層級的修行者，而非初始修習（初發心）的善男子、善女人。」[267]故總括而言，這些觀點都是典型的「第一問是為初發心的人問、第二問是為菩薩問」的見解。

不同上面，第二種觀點則認為是「文意俱同」，即前後二問不但文意相同，連實質要詢問的內容亦是相同。持這種見解的，縱觀古今似乎只有幾位。其一是明代的元賢法師，他認為前後二問皆一樣，何必要勉強講成不一樣？而且，他更認為佛對第一問的回應，已一而再、再而三地把「法空」剖析得很清楚，須菩提又何須第二次發問「法空」？[268]筆者認為這兩個反問題問得相當

減一切煩惱，見一切十方諸佛，得無生法忍，出三界，到薩婆若；五者、名無上菩提，坐道場，斷煩惱習，得阿耨多羅三藐三菩提。」《大正藏》，第 25 冊，卷 53，頁 438 上。

[266] 印順導師著《般若經講記》：「前文所問發心，以立願普度眾生而發，是世俗菩提心。此處，由深悟無我，見如來法身，從悲智一如中發心，即諸經所說的『紹隆佛種』，『是真佛子』。」2000 年 10 月，正聞出版社，頁 104 ，台北，台灣。

[267] 張宏實《圖解金剛經》，頁 364。

[268] 〔明〕元賢法師述《金剛經略疏》：「此問據圭峰疏以為，住、修、降伏是我疑，於義亦通。但空生問辭，與前不異，且詳佛答意，亦與前不異！今強於不異中求異，穿鑿甚矣！近代諸師，多謂前問人空，後問法空。愚謂此經前明法空，已不啻三令五申，空生豈容再問耶？惟天台疏以為是重問重說，大般若經中已有此例，故今依之，學者不必強解。」《卍續藏》，第 25 冊，卷 1，頁 161 下。

有道理。什譯在 D11（昭四）的「布施不住六塵」和 D19（昭六）的「無法、非法相」中，已把前半經文鎖定在「不住法」的義理上面，當中便包括了 D21（昭七）的「不住無上菩提」，事實如此，何故還說第一問只涉「人空」？D27（昭十）亦已討論過「菩薩莊嚴佛土」了，難道這還不是菩薩層級的修行者嗎？何故第二問還要回來再發心一次，以「紹隆佛種」做個「眞佛子」？反而，第二問之後的師徒對話，卻經常見到破人、我的成份，如 D46 的「者」和 D51 的「心」，「者」就是人，「心」就是心、心所法，即五蘊中的後四蘊。破五蘊非我謂之人空，那麼破「心」不是說人空是什麼？

筆者認爲，前後二問根本上都有論及人空、法空，因爲《金剛經》，尤其是什譯，本來就是在申明一切法空。只是唯識家的教義，才將一切法空分開以人空、法空來說明。這在 D49②已有論及。而且，從什譯外的七譯可見，將什譯中的一個詞組，如 D50②的「無我法者」一分爲二，成爲「無我、無我法者」的二無我思想的做法，確是散見於這七譯的經文中。因此，又怎能說只有第二問才涉及法空？再從無著《論》看，《論》中不分前半後半，經常提到「安立第一義」[269]，這當然是要通過二空來達

---

[269] 如無著菩薩造，〔隋〕笈多大師譯《金剛般若波羅蜜經論》：「經言：不住行施者，即此不住，爲安立第一義故。」《大正藏》，第 25 冊，卷 1，頁 769 中。又如同《論》：「是諸菩薩無復我想轉等者，是安立第一義。」卷 1，頁 770 中。又如同《論》：「經言：世尊！實無有法，不入色、聲、

成。又，世親《論》認為第二問所要對治的問題在於：「於內心修行存我為菩薩，此即障於心故」[270]，亦沒有說第二問是關於法空。故此，第一種觀點並不合理！

　　至於第二種觀點，正如筆者一直強調，二問只是破「所」與破「能」的分別，僧肇大師亦持雷同的見解[271]，故此二問是完全一樣的。亦即是說，前後各半的經文，是「能、所」的關係，是平等的，而不是線性的淺、深遞升！支持筆者這種主張，除了第貳、叁章所分析眾多有關「能、所」的理由外，還有是那通常只會出現於經末的這句話：「當何名此經？我等云何奉持？」[272]，八譯都出現在中途第二問之前。這種情況三藏中幾乎絕無僅有，只有《大方廣佛華嚴經》[273]、《大般涅槃經》[274]和本經三經而已！這是否意味著《金剛經》原是兩部小經，一部說明先從破「所」

香、味、觸者，此為安立第一義。」卷2，頁771下。

[270]　天親菩薩造，〔元魏〕菩提流支大師譯《金剛般若波羅蜜經論》：「此義云何？若菩薩於自身三種修行生如是心：我住於菩薩大乘、我如是修行、我如是降伏其心，菩薩生此分別，則障於菩提行。偈言：於內心修行，存我為菩薩，此即障於心故。」《大正藏》，第25冊，卷2，頁790下。

[271]　〔東晉〕僧肇大師著，《金剛經註》卷1：「始開眾生空、法空，明境空也。次辯般若則非，即慧空也。」《卍續藏》，第24冊，卷1，頁401中。所謂「境空」，即破「所」邊；而所謂「慧空」，即能覺的智慧，故是破「能」邊。

[272]　什譯：頁750上。

[273]　〔東晉〕佛馱跋陀羅大師譯《大方廣佛華嚴經》：「佛子！當何名此經？云何奉持？」《大正藏》，第9冊，卷36，頁629下。

[274]　〔北涼〕曇無讖法師譯《大般涅槃經》：「世尊！當何名此經？菩薩摩訶薩云何奉持？」《大正藏》，第12冊，卷3，頁385上。

入，繼而破「能」；另一部說明先從破「能」入，繼而破「所」，而由後代把它們集合一起成爲一部？楊白衣的〈金剛經之研究〉就持這種看法，他說：「後半部可能是後代增加的部分，否則即是：有二種不同版本的『金剛經』，於某一時期合併成為現存的『金剛經』。此種情形並不限於『金剛經』，其他的大乘經典也有很多相同的例子，如『法華經』即是最顯著的例子。」[275]筆者認爲這假設也是有可能的。

但正如在 D46 至 D50 所分析的，什譯第二問一直堅持破「能」邊的經文，後代譯本已不斷摻雜了破「所」邊的要素，界線已經模糊，並促使釋經者難以辨認。加上隋、唐以來，吉藏、窺基、宗密等巨匠，都以淺、深遞升解釋本經，恐怕楊白衣的同類見解在當時是不可能有人應和的！

二問既然是一樣，那麼佛的二答又是如何？往下當更討論。

二、發菩提心與行菩薩乘

什譯中的問話：「善男子、善女人，發阿耨多羅三藐三菩提心，應云何住？云何降伏其心？」我們在 D07 中提出了兩個主要問題：1、八譯以漸進改動模式將什譯純粹的「發阿耨多羅三藐三菩提心」改動成支譯的「大乘中，發阿耨多羅三藐三菩提心」，

---

[275] 楊白衣〈金剛經之研究〉，1981 年，《華岡佛學學報》，第 5 期，頁 59，中華學術院佛學研究所，臺北，台灣。

再改動成諦譯的「發阿耨多羅三藐三菩提心，行菩薩乘」，最後完成於最後期五譯的「發趣菩薩乘」。2、從支譯起，譯有「大乘」或「菩薩乘」的七譯都增加了「云何修行」的疑問。

　　首先討論第一個問題，我們希望知道的「發菩提心」與「發趣菩薩乘」究竟哪一個是《金剛經》的原始版本？亦即是說，究竟是後七譯進行了不同程度的改動？還是什譯把「發趣菩薩乘」誤譯成「發阿耨多羅三藐三菩提心」？當中原因又是什麼？

　　從一般的合理性上說，修行者是為了達到某種目的而修行。如果未知目的是什麼而先有修行項目，那是不合理的。因此，「阿耨多羅三藐三菩提」就好比目的，而「發阿耨多羅三藐三菩提心」就是以此為目的的願望。當建立起目的和願望，才「發趣菩薩乘」投入修行的項目，這次序應是比較合理的！

　　其次，從大乘的發展而論，可以想像在任何新思想將要震撼同行的時候，它必然會推出一些與舊思想差異很大的主張。同樣地，以大乘最初興起的情況來看，為了有別於聲聞學派，它必須標榜一些與聲聞學派不一樣的特色，這是合乎情理的。如以最基本的義理而論，為了超越聲聞因發心成就阿羅漢[276]而展現的強烈

---

[276] 同上《雜阿含經》：「聖弟子所說，口說正法，發心、正念、直見，悉入正法。……聖弟子所說，口說善向，發心、正念、直見，悉入善向。……如是聖弟子不趣地獄、畜生、餓鬼，不墮惡趣，說阿羅漢俱解脫。」卷33，頁240上。

厭離心和出離心[277]，以證得無上佛果爲目的的「發阿耨多羅三藐
三菩提心」，便應該是大乘所持的特點！而且，比起「大乘」或
「菩薩乘」，「發阿耨多羅三藐三菩提心」是《阿含經》本來就有
的概念，如《雜阿含經》說：「有智之人，覺世無常，身命難保，
五家財物亦如幻化。覺了彼法，勤行精進，作諸功德，乃至臨終，
係心三寶，念念不絕，無所悋惜，唯願盡成阿耨多羅三藐三菩提。」
[278]這種《阿含》本有而被大乘所特重的點子，即使是聲聞亦無法
否定它確實是佛法吧！相反，如果一開始便提出《阿含》所陌生
的「大乘」或「菩薩乘」，恐怕就會受到聲聞極力的排斥了。

　　上引經文中，還可見到另一重要的大乘特點：「作諸功德」，
在大乘的演繹下，即是「布施」！在聲聞的三十七道品中並沒有
把「布施」納入其中，而是將它歸於「四攝法」裏[279]，並且視之
爲「世間法」的範疇[280]。如此的安排，著重出世涅槃的聲聞學派，

---

[277] 如〔劉宋〕求那跋陀羅法師譯《雜阿含經》：「世尊告諸比丘：當觀色
無常。如是觀者，則為正觀。正觀者，則生厭離；厭離者，喜貪盡；喜貪
盡者，說心解脫。」《大正藏》，第 2 冊，卷 1，頁 1 上。又如同經：「多
聞聖弟子如實知色、色集、色滅、色味、色患、色離。如實知故，不貪喜
色，不讚歎，不繫著住，非色縛所縛，非內縛所縛，知根本，知津濟，知
出離，是名多聞聖弟子。」卷 3，頁 19 中。

[278] 如同上《雜阿含經》，卷 25，頁 182 上。

[279] 同上《雜阿含經》：「何等為攝力？謂四攝事，惠施、愛語、行利、同
利。」，卷 26，頁 184 下。

[280] 同上《雜阿含經》卷 26：「布施及愛語，或有行利者，同利諸行生，各
隨其所應。以此攝世間，猶車因釭運。世無四攝事，母恩子養忘，亦無父
等尊，謙下之奉事。以有四攝事，隨順之法故，是故有大士，德被於世間。」

自然不會重視「布施」。大乘提出「布施」並將它納入六度之中，成爲成就「阿耨多羅三藐三菩提」的重要修行項目之一，明顯就與聲聞的見解極不一樣！但不要忘記，「布施」同樣是出自《阿含》的，而非離經叛道的創新！

「發菩提心」與「布施」，這兩個有別於聲聞的特點，都是大乘初興時的旗幟，而且都是《金剛經》的主要議題！因此推斷，八譯中唯一完全無雜質地包含了這兩個特點的什譯，相信就是最接近大乘初興時的《金剛經》原貌！亦是同一原故，什譯的「發阿耨多羅三藐三菩提心」，當是八譯中最原始的形態！而且，這形態一直維持到唯識家的出現，方有改動。這是從支、諦等等的漸進變化便可以確定的。

那麼，又是什麼原故而漸漸地加入了「大乘中」或行「菩薩乘」等概念？當中跟唯識家有關係的證據何在？筆者認爲，證據就在他們的一項特殊義理上面：五種性（梵語：pañca-gotrāṇi）[281]。簡單地說，就是唯識家認爲有情的根機可分爲五種，其中三種：定性聲聞、定性緣覺、一闡提（無性），因爲種子久遠以來已薰習成慣性，性已經定下來[282]，所以不存在成佛種子而決不會成佛。

卷 26，頁 185 上。
[281] 《佛光大辭典》，第二冊，頁 1179。
[282] 譬如《瑜伽師地論》談論「無性」時說：「無涅槃法補特伽羅有眾多相，我今當說彼相少分。謂彼最初不住種性無涅槃法補特伽羅，阿賴耶愛遍一切種，皆悉隨縛附屬所依，成無量法不可傾拔，久遠隨逐畢竟堅固依附相續，一切諸佛所不能救。是名第一不住種性補特伽羅無種姓相。……如是

另外兩種：菩薩種性和不定種性。不同於以上三性，菩薩種性是可以通過修行而成佛。而不定種性最特別，此類同時「具有聲聞、獨覺、菩薩三乘之種子，可為阿羅漢、辟支佛乃至成佛，以其性向不定，故稱不定種性。」[283]只要他一天未定下來成為定性聲聞或定性緣覺，他仍是有可能依菩薩種性而成佛！

　　唯識家的五種性思想，衍生出一些不同於大乘初興時的見解。首先，他們認為上說的前三種性（定性聲聞、定性緣覺、一闡提）定無成佛的可能，所以即使是「發阿耨多羅三藐三菩提心」，亦不能成佛。故此，佛的出世主要是為了下面兩種性的人，要「不定種性諸菩薩眾令住大乘……不捨大乘。」[284]亦即安住、堅固於菩薩種性[285]。而特別之處，就如《瑜伽師地論》所說：「諸菩薩要先安住菩薩種性，乃能正發阿耨多羅三藐三菩提心，既發心已，方正修行自他利行！」[286]亦即是說，「安住菩薩種性」才是首要

等類，有眾多相，成就彼故，墮在不般涅槃法數。」《大正藏》，第 30 冊，卷 21，頁 397 下。

[283]　《佛光大辭典》，第一冊，頁 974。

[284]　世親菩薩造，〔唐〕玄奘大師譯《攝大乘論釋》，《大正藏》，第 31 冊，卷 10，頁 377 下。

[285]　譬如《瑜伽師地論》談論「種性的安住」時說：「安住種姓補特伽羅……為度彼故諸佛世尊出現於世，謂若未趣入令其趣入、若未成熟令其成熟、若未清淨令其清淨，轉正法輪，制立學處。」《大正藏》，第 30 冊，卷 21，頁 399 中。

[286]　《瑜伽師地論》：「謂諸菩薩要先安住菩薩種性，乃能正發阿耨多羅三藐三菩提心。既發心已，方正修行自他利行。於自他利正修行時，得無雜染方便，無雜染故得無厭倦方便，無厭倦故得諸善根增長方便，於諸善根得

重點！「發阿耨多羅三藐三菩提心」僅是次要，而「修行自他利行」則更是後話。《顯揚聖教論》亦說：「最勝法者：謂諸菩薩於十種同意最勝法，應受持、應建立，以為最上。云何為十：一、菩薩種性，於諸種性最為殊勝；二、初發菩提心，於諸正願最為殊勝。」[287]菩薩種性的位次是在初發菩提心之前，這種見解在唯識家的論典中是廣泛被論及的[288]。

這種菩薩種性優先的思想[289]也影響了《金剛經》！無著在《金剛般若論》便以「種性不斷」去解釋須菩提起問的因緣。[290]這種

增長已，能證無上正等菩提。」《大正藏》，第 30 冊，卷 50，頁 575 下。
[287] 無著菩薩造，〔唐〕玄奘大師譯《顯揚聖教論》，《大正藏》，第 31 冊，卷 8，頁 519 上。
[288] 例如(一)同上《顯揚聖教論》卷 8〈2 攝淨義品〉：「菩薩十應知者：謂如是修學能證無上正等菩提。諸菩薩略有十種，應知：一、安住種性；二、趣入。……此中安住種性菩薩，若方便修學發菩提心，即名趣入。」卷 8，頁 521 上，說明安住種性優先。(二)彌勒菩薩造，世親菩薩釋，〔唐〕玄奘大師譯《辯中邊論》：「發菩提心名為攝受。此有三障：一、闕種性；二、闕善友；三、心極疲厭性。」《大正藏》，第 31 冊，卷 1，頁 467 上，說明闕種性是發菩提心的根本障礙。(三)護法等菩薩造，〔唐〕玄奘大師譯《成唯識論》：「要七最勝之所攝受方可建立波羅蜜多：一、安住最勝，謂要安住菩薩種性；二、依止最勝，謂要依止大菩提心。……」《大正藏》，第 31 冊，卷 9，頁 51 中，同樣說明安住種性優先。
[289] 《瑜伽師地論》：「若諸菩薩成就種姓，尚過一切聲聞獨覺，何況其餘一切有情！當知種姓無上最勝。何以故？略有二種淨：一、煩惱障淨；二、所知障淨。一切聲聞獨覺種姓，唯能當證煩惱障淨，不能當證所知障淨。菩薩種姓亦能當證煩惱障淨，亦能當證所知障淨。是故說言望彼一切無上最勝。」《大正藏》，第 30 冊，卷 35，頁 478 下。
[290] 無著菩薩造，〔隋〕笈多大師譯《金剛般若論》：「此般若波羅蜜，為佛種不斷故，流行於世。為顯此當得佛種不斷義故，上座須菩提最初說言：

見解在支譯的「大乘中，發阿耨多羅三藐三菩提心」便明顯地表達出來，這用詞上使用了教內共同語言「大乘」的句子，骨子裏根本就是「種性」優先於「發心」的順序！繼之，諦譯的「發阿耨多羅三藐三菩提心，行菩薩乘」，其實就是把上面《瑜伽師地論》引文中排行第三的「修行自他利行」，以「行菩薩乘」的形式加了進來。這兩次改動，仍有不敢逾越大乘數百年以「發菩提心」爲基調的意味。但到了唯識家的發展顛峰時，「發阿耨多羅三藐三菩提心」便完完全全地被代表著菩薩種性優先於發心的「發趣菩薩乘」徹底取代，成爲了獨舉「菩薩乘」作爲起問的狀態。

其實，這菩薩種性優先的思想，在很多經典的異譯間都產生著改動。如羅什譯《維摩詰所說經》中有一句「若未發大乘意，食此飯者，至發意乃消」[291]的經文，在玄奘異譯《說無垢稱經》便翻譯成「諸有大乘菩薩種性未發無上菩提心者，若食此食，要發無上菩提心已，然後乃消。」[292]菩薩種性就這樣加在發菩提心

『希有，世尊！云何如來以第一善攝，攝受所有菩薩摩訶薩也？』如是等。於中，善攝者，謂已熟菩薩，於佛證正覺轉法輪時，以五種義中菩薩法而建立故。付囑者，彼已得攝受菩薩等，於佛般涅槃時，亦以彼五義如是建立故。此善攝、付囑二種，顯示種性不斷。」《大正藏》，第25冊，卷1，頁757上。

[291]〔後秦〕鳩摩羅什譯《維摩詰所說經》，《大正藏》，第14冊，卷3，頁553下。

[292]〔唐〕玄奘大師譯《說無垢稱經》，《大正藏》，第14冊，卷5，頁581下。

之前。因此，筆者相信這項發現應該同樣適用於其他類似的研究。

三、住、修行、降心

至於 D07②的問題：從支譯起，譯有「大乘」或「菩薩乘」的七譯，都增加了「云何修行」的疑問。現作出以下論述：

先從什譯說起。依上一小節可知，什譯是唯一將起問的重點單獨放在「發阿耨多羅三藐三菩提心」上面。從《大智度論》的一段有關「初心得，後心得」的討論，當可見到空宗的基本思想乃是：若要「得無上道」，講求的就是如何讓初發心的心態，能夠一心一心的維持下去直到成就菩提[293]。簡言之，這是「發菩提心」的心態維持問題，而非具體修行什麼的問題。檢視全經，任何具體修行如布施之類，皆歸結到「無相、無住、不取」的心態上去談論其是否契合佛道，便知什譯的沒有「云何修行」，正是說明「心態」才是本經的重點！然而，心只有一顆，但心態卻會變化。按一般說，就是會出現要麼能夠維持、或是要麼無法維持

---

[293] 龍樹菩薩造，〔後秦〕鳩摩羅什大師譯《大智度論》：「問：以初心得，後心得？佛以深因緣法答，所謂：不但以初心得，亦不離初心得。所以者何？若但以初心得、不以後心者，菩薩初發心，便應是佛；若無初心，云何有第二、第三心？第二、第三心，以初心為根本因緣！亦不但後心、亦不離後心者，是後心亦不離初心，若無初心，則無後心；初心集種種無量功德，後心則具足，具足故能斷煩惱習，得無上道。」《大正藏》，第 25 冊，卷 75，頁 585 下。

的兩種傾向。初發心的心態能否維持亦是一樣，取決於安住、或是無法安住的兩種傾向。在《金剛經》，這就成為「應云何住？云何降伏其心？」的問題。「應云何住？」詢問該怎樣安住的疑問；「云何降伏其心？」詢問無法安住時該如何處理的疑問。其實問來問去，歸根究底，就是在問如何時時刻刻都能「發阿耨多羅三藐三菩提心」的問題！

其餘七譯，比起上面空宗的見解，最大的差別其實是在「住」的解釋之上。正如前節已說明過，唯識家是以菩薩種性為重的。無著《論》以「七義句」（約義即是七重點或七次第）來解說《金剛經》：「一、種性不斷，二、發起行相，三、行所住處，四、對治，五、不失，六、地，七、立名。」[294]當中首義句就是「種性不斷」。因此，在這個菩薩種性優先的前提下，「應云何住？」已不再是如何安住於菩提心的問題，而是變成如何安住於菩薩種性的問題了！菩薩所涉及的問題，當然比單純「心」的問題要來得廣闊複雜。如前文已引述過的《瑜伽師地論》，其全文說：「謂諸菩薩要先安住菩薩種性，乃能正發阿耨多羅三藐三菩提心。既發心已，方正修行自他利行。於自他利正修行時，得無雜染方便。無雜染故，得無厭倦方便。無厭倦故，得諸善根增長方便。於諸善根得增長已，能證無上正等菩提。」[295]這可說是唯識家的見解

---

[294] 無著菩薩造，〔隋〕笈多大師譯《金剛般若波羅蜜經論》，《大正藏》，第 25 冊，卷 1，頁 766 中。
[295] 《瑜伽師地論》，《大正藏》，第 30 冊，卷 50，頁 575 下。

中，由發趣菩薩乘至證無上正等菩提的整個過程。可見，當中就有「安住菩薩種性」、「正修行」、「得無雜染方便」三項，這不就是支譯等七譯：「應云何住？云何修行？云何降伏其心？」的相同內容嗎？如與無著的「七義句」對照，則是「種性不斷、行所住處、對治」三項！「正發菩提心」，即「七義句」的「發起行相」，這於支、諦二譯在須菩提的起問中是有的，餘譯的內文中亦是有的（譬如 D41 與 D43）。「得無厭倦方便」，相近於「七義句」的「不失」，譬如忍辱仙人，即是這個。而「得諸善根增長方便」，「七義句」的「地」便有增長之意，一切談及福德與莊嚴佛土的經文皆是。可見，「證無上正等菩提」的次第，《瑜伽師地論》、無著《論》與這七譯皆一致。故可以相信「應云何住？云何修行？云何降伏其心？」的三句式寫法，乃至這七譯的架構內容，是深深地受到唯識家的基本見解所影響，故與什譯有所不同。

　　還有要討論的是 D07③的諦譯不問降伏心而問「云何發起菩薩心」的問題。其實只要了解上面「七義句」的結構，便知道諦譯的三問根本就是「七義句」的頭三項：「種性不斷、發起行相、行所住處」。所以，諦譯只是認為，應該先搞清楚如何「發起行相」，才可談論「七義句」中第四項「對治」的問題。這是明顯地沿用著《智論》「初心得，後心得」的見解，亦即同時說明了諦譯的底本，是未完全「唯識家化」的過度期產物。這從須菩提

的起問內容「發阿耨多羅三藐三菩提心，行菩薩乘」仍然有「發阿耨多羅三藐三菩提心」的成份，便可預見得到。

四、世尊的回答

在上面已討論過須菩提的二問意義一致，現在讓我們研究佛的二答，看看又如何？於 D08 已略說過，世尊對第一問的回答，在什譯是：「諸菩薩摩訶薩應如是降伏其心！」其中的主語不同於須菩提第一問的「善男子、善女人」，動詞、賓語是單舉「降伏其心！」在 D46 亦說過，佛對第二問的回答是：「善男子、善女人，發阿耨多羅三藐三菩提者，當生如是心」，即主語已承接了須菩提所問的「善男子、善女人」，動詞、賓語卻又另闢新義「當生如是心」。必須注意餘譯的處理，不論在第一還是第二問，都是主語承接須菩提所問的，而動詞、賓語前後都是「當生如是心」！換句話說，在餘譯中，世尊從來沒有回答過「應云何住？云何修行？云何降伏其心？」的問題，而僅是以「當生如是心」去回應！

如果沒有上面菩薩種性的討論，這裏的問題當然是非常難以理解的。但現在已明白了唯識家的思維，便可知道這些什譯外的七譯，其實只不過是要表達：「希望發趣菩薩乘的人，應該要生起如此的心」的這個意思而已。這是對希望發趣菩薩乘，但未正式、又或未知道該如何發趣的人說的。如用唯識家的講法，那就

是為了安住菩薩種性。亦因為這七譯二答中的句子結構一致，所以可以說，前後二答的目的都一樣是為了安住菩薩種性。亦因此，不論前半或後半的經文，這七譯都是為著開展這同一目的而已，故此破「能」、破「所」的問題便不太重要了。

　　什譯卻不同，第一答的主語「諸菩薩摩訶薩」，已明示前半經文所說度眾而無相的宗旨，乃至當中所說的般若法門，是大菩薩用以「降伏其心」的秘訣！初發心的善男女雖然沒有祂們的功力，但應該要以這些大菩薩為榜樣，並以祂們為目標。第二答的主語「善男子、善女人」，卻表示後半經文所說的「無我」道理，是初發心的善男女所首要學習的，所以要「當生如是心」。結合來說就是什譯中佛的第一答是在開示大乘正理的內容，而第二答是在指引悟入大乘正理的關鍵！

　　這樣地解釋，看上面提及過龍樹菩薩「初心得，後心得」的見解，便會一目了然。試問「降伏其心」是屬於「初心」還是「後心」的問題？如未有發心，又有什麼標準，而說心需要「降伏」？再者，後面談到無相布施時（D11，昭四），經文說要一次面對六塵，可想而知就是要同時六根、六識齊用，這樣高階的方法又怎可能是對一般初發心者的要求？因此，第一答必然不是新手「初心」的事，而是有關老手「後心」如何維持心態的事。第二答直指「當生如是心」，正說明其時仍未生起菩提心；又，對治的範圍收窄為「發心者」的這個「我」，目標較為單純，那自然

169

是在說未發菩提心而待發的「初心」事了。筆者的這個前深後淺的觀點，古德中便有天台智顗大師的見解支持：「文又為二：從初至果報不可思議，名實智道；重白佛去，是方便道，或為後來，或為鈍根。」[296]只可惜大師沒有作出詳細解釋。但從中可知，前半經文是講述菩薩「眞實智慧」[297]的道理，後半卻是爲了後來希望學習的人或鈍根眾生而說的入門方法。

　　放之於筆者一直強調《金剛經》前半主要談破「所」，後半主要談破「能」。看大菩薩爲了成就大菩提，不畏生死、不捨眾生，回入娑婆廣度有情，所接觸的人、事、物，皆可隨時令人一念迷而喪失菩提，這就是所謂的「菩薩未成佛時，以菩提為煩惱」。[298]因此，大菩薩必須有能力破盡一切人、事、物的境界。所謂破「所」，並以「無四相」作爲檢測能否維持心態以自證「降伏其心」的工具。若當成就時，便是「菩薩成佛時，以煩惱為菩提」[299]了。這就是什譯前半經文談破「所」的原因，以顯菩薩的行持

---

[296] 〔隋〕智顗大師《金剛般若經疏》，《大正藏》，第 33 冊，卷 1，頁 76 下。

[297] 如龍樹菩薩造，〔後秦〕鳩摩羅什大師譯《大智度論》：「如實智者，一切法總相、別相，如實正知，無有罣礙。」《大正藏》，第 25 冊，卷 23，頁 233 上。另，《大智度論》：「如實智唯獨佛有，所以者何？獨佛有不誑法。以是故知，如實智獨佛有。」卷 23，頁 234 上。

[298] 〔後秦〕鳩摩羅什譯《佛說仁王般若波羅蜜經》，《大正藏》，第 8 冊，卷 1，頁 829 中。

[299] 同上《佛說仁王般若波羅蜜經》：「菩薩成佛時，以煩惱為菩提，何以故？於第一義而不二故，諸佛如來乃至一切法如故。」《大正藏》，第 8 冊，卷 1，頁 829 中。

作爲教範。後半卻是爲了說明新人如何入門，故此著重破「能」。因爲如果無法破「能」，便無法相應一切佛法的根本原則——「無我」，便會墮在凡夫的煩惱之中。故此，若眞要以「二道」去看前後經文的分別，筆者見解正好與多人相反，是前半「方便道」，後半「般若道」。

但必須說明的是，前後二半的破「所」、破「能」，只是偏重性而說的，實際上卻如二問無異一樣，是平等的。因爲利根者，即前半經文所說的「最上乘者」，是有可能一發心便能廣觀廣破。但若細微地去看，心的執著變化多端，有時執「所」，亦有時執「能」，沒有一定。所以什譯《金剛經》分別說明破「所」、破「能」，因利制宜，平等平等。也許什譯以後的七譯，就是依於這個「心的執著變化沒有一定」的見解，慢慢淡化破「所」、破「能」的分別，以凸顯「諸識所緣，唯識所現」[300]之理。

五、無四相

D10 已說明過什譯的「我相、人相、眾生相、壽者相」四相，各譯的用詞由三相至八相不等。若依龍樹說，這些都是「一我」的「隨事起名」[301]。這些名稱，基本上是空、有二宗所共用的，

---

[300] 護法等菩薩造，〔唐〕玄奘大師譯《成唯識論》，《大正藏》，第 31 冊，卷 2，頁 7 上。
[301] 龍樹菩薩造，〔後秦〕鳩摩羅什大師譯《大智度論》：「問曰：如我乃至知者、見者，為是一事？為各各異？答曰：皆是一我，但以隨事為異。於

因此八譯中都可以找到彼此相雷同的用詞，所表達的都是我執而已。唯是奘譯的八相中，「士夫想、意生想、摩納婆想」是無法在《智論》中見到，只有在唯識家的經典中才找得到。[302]而且，為顯因緣的業用與果報，「作者、受者」也被賦予了新的定義。[303]到了世親時，更將基本我執與「作者、受者」結合到「蘊、界、處」的概念上一起討論，名為「三種我執」。[304]但似乎這見解當時並未受到很大關注。可是到了安慧論師（475~555）時[305]，「三種我執」又再見於討論之中。[306]因此可以想像，奘譯的八相絕對

五眾中，我、我所心起，故名為我。五眾和合中生故，名為眾生。命根成就故，名為壽者、命者。……行人法故，名為人。手足能有所作，名為作者。……後身受罪福果報故，名受者。……如是諸法皆說是神。此神，十方三世諸佛及諸賢聖求之不可得，但憶想分別，強為其名。諸法亦如是，皆空無實，但假為其名。問曰：是神但有十六名字？更有餘名？答曰：略說則十六；廣說則無量，隨事起名，如官號差別、工能智巧、出家得道，種種諸名，皆是因緣和合生故無自性，無自性故畢竟空。生空故法空，法空故生亦空。」《大正藏》，第 25 冊，卷 35，頁 319 中。

[302] 如《瑜伽師地論》：「我者，謂於五取蘊我、我所見現前行故。……言意生者，謂此是意種類性故。摩納縛迦者，謂依止於意或高或下故。言養育者，謂能增長後有業故，能作一切士夫用故。……」《大正藏》，第 30 冊，卷 83，頁 764 中。

[303] 《瑜伽師地論》：「於諸業用說為作者，於諸果報說為受者。」《大正藏》，第 30 冊，卷 16，頁 364 上。

[304] 世親菩薩造，〔唐〕玄奘大師譯《大乘五蘊論》：「問：以何義故宣說蘊等？答：為欲對治三種我執。如其次第，三種我執者，謂一性我執、受者我執、作者我執。」《大正藏》，第 31 冊，卷 1，頁 850 中。

[305] 《佛光大辭典》，第三冊，頁 2405。

[306] 安慧菩薩造，〔唐〕地婆訶羅法師譯《大乘廣五蘊論》：「問：以何義故說蘊界處等？答：對治『三種我執』故，所謂一性我執、受者我執、作者

是唯識家的產物。而且，從「作者、受者」的併入可知，應該是在世親甚至安慧之後才確立的，因此奘譯前的四譯皆無從得見。

　　至於什譯四相的「相」字，他譯有譯作「想」或「想轉」的。「相」的梵語是 lakṣaṇa[307]，是指人、事、物、概念所展現的特徵，而為我們所可以了解和分別的；「想」是 saṃjñā[308]，指心中取相。[309]因此，張宏實的《圖解金剛經》，用 saṃjñā 去界說「相」字是不正確的。[310]

　　我們從以上梵語的不同，便已可知什譯與他譯的底本是有所不同的。此二字的差異，可說就是「想」乃心執取「相」而成，所以必定僅屬心中的想像。如依空宗義，「無相」的意義在於以一切法空的智慧，破「常、我」等等相。[311]但在唯識家，「相」專指「相分」，《佛地經論》便作過一翻分析，認為：「若言無相則無相分，言無分別應無見分，都無相、見應如虛空，或兔角等，應不名智。無執計故，言無能取、所取等相，非無似境。緣照義

我執，如其次第。」《大正藏》，第 31 冊，卷 1，頁 855 上。

[307]《佛光大辭典》，第四冊，頁 3898。

[308]《佛光大辭典》，第六冊，頁 5451。

[309] 世親菩薩造，〔唐〕玄奘大師譯《攝大乘論釋》：「以能取相故名為想，由名身等能取其相，轉染想蘊。」《大正藏》，第 31 冊，卷 9，頁 372 上。

[310] 張宏實《圖解金剛經》，頁 222，橡實文化，台灣，台北，2008 年 3 月。但同書頁 127，卻是以 lakṣaṇa 來界說「相」的；可見作者出現了混淆。

[311]《大智度論》：「言無相法者，為破常、淨、樂相、我相，男女、生死等相，故如是說。」《大正藏》，第 25 冊，卷 29，頁 274 中。

用。若無漏心全無相分……則成大過。」[312]亦即是說，所謂智慧，
必離不開「見、相二分」；若無「見、相二分」而講智慧，這是
不合邏輯的。因此，如果唯識家維持使用什譯的「相」，將在解
釋「見、相二分」時出現困難。而解決這困難的方法，就是拿出
「想」這個概念來取代「相」。因為心取「相」成「想」並非問
題，只要有智慧不被「想」所轉便可以，這實是早在《瑜伽師地
論》便有的見解：「……隨逐無明起不如理作意，於所緣境，無
常計常，取相而轉，是名想倒。……隨智慧明，起如理作意，於
所緣境，……正取相轉，是名想無顛倒。」[313]因此，重點是不要
「取（顛倒）相而轉」，並要「正取相轉」，否則便「是名想倒」。
可見，《金剛經》某些譯本中的所謂「想」或「想轉」，實是來自
這個唯識家「取相而轉」的義理。但在空宗而言，「凡所有相，

---

[312] 親光菩薩等造，〔唐〕玄奘大師譯《佛地經論》：「有義，真實無漏心品
亦有相分。諸心、心法，法爾似境顯現名緣，非如鉗等動作取物，非如燈
等舒光照物，如明鏡等現影照物。由似境現，分明照了，名無障礙，不執
不計說名無相。亦無分別，妙用難測名不思議，非不現影！若言無相則無
相分，言無分別應無見分，都無相、見應如虛空，或兔角等應不名智。無
執計故，言無能取、所取等相，非無似境。緣照義用。若無漏心全無相分，
諸佛不應現身土等種種影像，如是則違處處經論。轉色蘊依不得色者，轉
四蘊依應無識等，則成大過。」《大正藏》，第 26 冊，卷 3，頁 303 下。
[313] 《瑜伽師地論》卷 53：「顛倒差別者，謂諸愚夫無所知曉，隨逐無明起
不如理作意，於所緣境，無常計常，取相而轉，是名想倒。如於無常計常，
如是於苦計樂、於不淨計淨、於無我計我。……無顛倒差別者，謂諸聰叡
有所曉了，隨智慧明，起如理作意，於所緣境，無常知無常、苦知是苦、
不淨知不淨、無我知無我，正取相轉，是名想無顛倒。」《大正藏》，第
30 冊，卷 53，頁 594 中。

皆是虛妄」,當然未必會接受唯識家的「正取相轉」的見解。所以,在 D15 中,七譯的三分寫法便有這裏所說的唯識義理存在。

第二節　前半菩薩應無「所」住的開示

　　雖然大乘的核心義理,所謂度眾而無我(相),各派系始終一致。但由第一節的討論可見,唯識家的思想從一開始便改變了什譯的架構與基調。什譯的前半主要爲開示大乘教理內容而說無「所」住,後半主要爲悟入佛法根本知見而說無「能(我)」相。在唯識思想的衝擊下,究竟發展成什麼模樣?往下就讓我們來研究討論。

一、無住布施

　　什譯說:「菩薩於法,應無所住,行於布施,所謂不住色布施,不住聲香味觸法布施。須菩提!菩薩應如是布施,不住於相。」[314]D11 已將各譯的差異列出。

　　首先,什譯「菩薩於法」的「法」字,以一般的佛法講,是指一切法,包括「有爲、無爲」。上面曾說前半經文借大菩薩破一切法境界,開示大乘教範。這裏的「菩薩於法」,用了「菩薩」和「法」字,也可算是一項助證。然而,經文明明又將「法」界定爲六塵,那麼,應該不攝「無爲法」才對,何爾又說是指一切

---

[314] 什譯,頁 749 上。

法？箇中道理其實在 D22 已講過，因爲空宗認爲破有爲法而得的無爲法亦無定相！[315]所以，什譯的意思是，只要「法」有所生起，就必定是「有爲法」（如以修行來說，就是這裏所說比較粗重，而會被顯易察知的六塵）。而且，即使以智慧破有爲法後，實亦無所得。[316]如非因度化的需要而必須以言語說明之外，根本亦沒有所謂的「無爲法」。若破後還生起一個「無爲法」的「法」，那就必定仍然是「有爲法」。基於此理，所以一切法即是「法」，即是有爲，即是六塵（當然推而廣之即是塵、根、識）；六塵以外無「法」；破一切「法」後亦沒有「無爲」。

　　同一位置，餘譯多翻譯成「事」，這便僅僅只有「有爲法」的意思。M 譯的 'objects'、C 譯的 'a thing'，意義亦大致相同。諦譯的「己類」，在灌頂大師的《大般涅槃經疏》裏，討論「十種不淨肉」時有一句「人是己類」[317]，故「己類」的意思大概便是與人有關的事事物物吧。這雖然把「事」的意思收窄了，但仍

---

[315] 《大智度論》：「但破有爲故說無爲，無爲亦無定相。」《大正藏》，第 25 冊，卷 79，頁 549 上。

[316] 如〔後秦〕鳩摩羅什大師譯《摩訶般若波羅蜜經》：「若法性外更有法者，應壞法性；法性外法不可得，是故不壞。何以故？須菩提！佛及佛弟子知法性外法不可得，不可得故，不說法性外有法。如是，須菩提！菩薩摩訶薩行般若波羅蜜，應學法性。」《大正藏》，第 8 冊，卷 24，頁 399 下。

[317] 〔隋〕灌頂大師著《大般涅槃經疏》：「第四番，明十種不淨肉者，下梵行云：人、蛇、象、馬、猪、狗、鷄、狐、獅子、獼猴。獼猴似人、蛇似龍象、馬是濟國之寶、猪狗狐是鄙惡之畜、獅子是獸王、人是己類。」《大正藏》，第 38 冊，卷 9，頁 88 中。

不離「事」所攝。傳統上，「事」與「法」的差別在於「事」不攝「無爲法」，因此可推想用「事」這意思的七譯，明顯不能認同空宗沒有「無爲」的思想！原因簡單不過，正如 D22 已談論過，屬於「無爲法」的「眞如」，是無變異的實存[318]，故此怎可以說沒有「無爲眞如」？所以，這七譯不可保留這個在自家義理內涵蓋有爲、無爲的「法」字，而必須改以「事」字來代替。

　　八譯首句不住「法」或不住「事」，大概就如上說。不過，爲何八譯末句會用另一組字的不住「相」或不住「相想」，而沒有再用前者不住「法」或不住「事」的用詞？既然不是重覆前者，那「相」或「相想」又是別指什麼？自古由世親[319]、僧肇[320]、窺基[321]以來，皆是以「三輪體空」去解釋不住「相」或不住「相想」的。這樣解釋，義理宏大涵蓋一切，包括涵蓋「法」與「事」，當然沒有不對。不過，如此的話，則反過來首句何妨不用「相」與「相想」，而要用「法」與「事」？更何須特別舉出六塵來說

---

[318]《瑜伽師地論》：「了知清淨眞如義故，有無爲相無變異相，此由無爲空無變異空，能正除遣。」《大正藏》，第 30 冊，卷 77，頁 726 下。

[319]　天親菩薩造，〔元魏〕菩提流支大師譯《金剛般若波羅蜜經論》：「此文說何義？所謂不見施物、受者及施者。偈言：調伏彼事中，遠離取相心故。如經：須菩提，菩薩應如是布施，不住於相想故。」《大正藏》，第 25 冊，卷 1，頁 782 中。

[320]〔東晉〕僧肇大師著《金剛經註》：「施者、受者、財物皆不可得，不住相也。」《卍續藏》，第 24 冊，卷 1，頁 396 下。

[321]〔唐〕窺基大師著《金剛般若經贊述》：「應云不住相想；想者，分別心相者所著境；言不住者，除內分別心，於外不著外相也。謂不見受者、施者及所施物故，而熾然施也。」《大正藏》，第 33 冊，卷 1，頁 131 下。

明「法」與「事」的內容？八譯沒有這樣做，足見前後二句所指的性質並不一樣。

筆者的淺見是，從本經一開始到現在這一處爲止，八譯出現「相」或「相想」的，首先是在敘述「無四相」的時候（D10，昭三）。緊接第二次出現，便是現在這一處（D11，昭四）。試問相續文字的定義又豈會忽然改變？再看什譯後來在D20的寫法：「若心取相，則爲著我、人、眾生、壽者。若取法相，即著我、人、眾生、壽者。何以故？若取非法相，即著我、人、眾生、壽者。」「相」與「法相」是分別開來說的，而「心取相」是指「爲了執著我、人四相」。因此，可知D11這裏的「相」或「相想」所要表示的，不是別的，而是依然指這「四相」，亦即指「能」邊的「我」。這樣解釋，首句的「法」指「所」，末句的「相」指「能」，其實沒有違背「三輪體空」。而且，也可展現修行次第的現實。以什譯爲例，首句不住「法」即先破「所」邊六塵的執著，包括所施者與所施物的執著；依此「所」邊六塵空，通過塵、根、識的關係，亦即「所」與「能」的關係[322]，反過來成就末句不住「相」，即不住「能」邊能施者的「我」。這便是迴入娑婆乃至已

---

[322] 如(一)《大智度論》：「如先說空等諸相是實，何以故？是相非五眾所作，非六波羅蜜乃至一切種智所作。是相，無爲故，無法可作，亦無若人若非人能作。」《大正藏》，第 25 冊，卷 70，頁 549 上。(二)〔隋〕僧璨大師《信心銘》：「境由能境，能由境能。」《大正藏》，第 48 冊，卷 1，頁 376 下。

發心修行的菩薩，修習「三輪體空」的次第，亦是布施度的成就！當擴大並熟練後，六度皆「四相」不生，證得「無四相」，成就第一義。這樣解釋雖有別於古德，但把修行次第從先「所」而後「能」、從一度而六度地顯示出來，而且不會令經文給人前後重疊之惑。

二、無爲法

　　從以上的討論可見，什譯與餘七譯在「無爲法」的概念上，是徹底不一樣，這在 D22 也曾談及。概念上，什譯的「一切賢聖，皆以無爲法而有差別」，是依「無爲法」亦空的思想，發揮觀一切法空的般若正智，以破除對一切有爲法的執著。破除成功後那個所謂「無爲法」的狀態，亦會跟隨有爲法破除的深廣度不同而展現不同，並爲修行者自證所知。在這概念下，除非已達到「不生不滅、不垢不淨、不增不減」[323]的究竟境界，屆時「無爲法」亦空，否則「無爲法」與「有爲法」實際上仍是種此進彼退的關係。所以，若說「一切賢聖，皆以有爲法仍殘存多少而有差別」，相信也沒什麼不對。

　　餘七譯的概念是「無爲法」有「眞實」的部份，所謂「眞如」，如諦譯說：「一切聖人皆以無爲眞如所顯現故」。因此，不能說「眞

---

[323]〔後秦〕鳩摩羅什譯《摩訶般若波羅蜜大明咒經》，《大正藏》，第 8 冊，卷 1，頁 847 下。

如」會跟隨有爲法破除的深廣度不同而展現不同啊！展現不同的
原因，是人破除有爲法以契合「眞如」的能力，而不是「眞如」
本身！人破除多少，便契合多少，「眞如」還是沒有改變。只是
同樣地，當究竟時，完全滅除一切雜染有爲法，便契「眞如」，
但仍不名爲「眞如」，而是稱作「擇滅無爲」，以免混淆以爲「眞
實」。[324]因爲聖人皆是依「眞如」的契合而顯露，故此餘七譯都
說聖人是無爲法所顯。

　　這種「眞如無爲法」的「實存」，影響著整部《金剛經》的
內容變化，這是本文一直不斷說明的。這裏只想補充的是，透過
八譯的比較，我們可以把這樣的發現，類比至其他經論，相信也
會得到近似的答案。例如在《大品》有一段經文說：「何等爲無
爲法？不生不住不滅，若染盡、瞋盡、癡盡，如、不異、法相、
法性、法位、實際，是名無爲法。」[325]但在玄奘的異譯本《大般
若經》第二會之中，便譯成：「若法無生、無滅、無住、無異，
若貪盡、瞋盡、癡盡，若眞如、法界、法性、不虛妄性、不變異
性、平等性、離生性、法定、法住、實際。善現！此等名爲無爲

324　無著菩薩造，〔唐〕玄奘大師譯《顯揚聖教論》：「擇滅者，謂由慧方
便，有漏諸行畢竟不起，滅而是離繫性。」《大正藏》，第 31 冊，卷 1，
頁 484 下。又：〔唐〕護法等菩薩造，玄奘大師譯《成唯識論》：「由簡擇
力，滅諸雜染，究竟證會，故名擇滅。」《大正藏》，第 31 冊，卷 2，頁 6
下。
325　〔後秦〕鳩摩羅什譯《摩訶般若波羅蜜經》，《大正藏》，第 8 冊，卷 4，
頁 243 中。

法。」[326]隨便地看過去的話，兩者好像沒有什麼大分別；但若仔細看看《大品》的「如」，與《大般若經》的「若真如」，前者直認「無為法」就是「如」的狀態；後者的「真如」卻有眞實的意思，而且是被用作「無為法」所依的譬喻對象。還有，《大般若經》爲「不虛妄性、不變異性、平等性、離生性」等等都加上了「性」字，便知道這實是個傾向支持這些概念都是眞實存在的見解。這類改動究竟對經典影響有多深廣？相信當可作爲日後的研究題材。

三、應無所住而生其心

在第一章的文獻回顧中，便提到蕭玫批評什譯有關的一段譯文不忠於梵文原典，近乎翻譯失眞。本節正是要利用 D17（昭六）、D28（昭十）和 D36（昭十四）三段譯文的八譯比較，來了解當中的眞相。爲方便說明，現把三條差異的用詞列表如下：

	D17（昭六）用詞	D28（昭十）用詞	D36（昭十四）用詞
什譯	一念生淨信	應如是生清淨心……應無所住而生其心。	應生無所住心。

---

[326] 〔唐〕玄奘大師譯《大般若波羅蜜多經》，《大正藏》，第 7 冊，卷 411，頁 59 下。

支譯	一念能生淨信	應如是生清淨心而無所住……應無所住而生其心。	應生無所住心。
諦譯	一念生實信	應生如是無住著心……應無所住而生其心。	不應生有所住心。
笈譯	一心淨信亦得當	如是不住心發生應……無所住心發生應。	無所住心發生應。
奘譯	當得一淨信心	如是都無所住應生其心……都無所住應生其心。	都無所住應生其心。
淨譯	生一信心	應生不住事心，應生不住隨處心。	都無所住而生其心。
M譯	will obtain one and the same faith	should in this wise frame an independent mind, which is to be framed as a mind not believing in anything	should frame his mind so as not to believe(depend) ... ...in something (dharma), in nothing or anything.
C譯	will find even one single thought of serene faith	should produce an unsupported thought, i.e. a	should produce a thought which is......unsupported by

		thought which is nowhere supported	dharma, unsupported by no-dharma, unsupported by anything.

　　首先，看看 D17（昭六）的背景問題是：有沒有人會相信「見諸相非相，則見如來」的道理？佛所回應的意義在於說明，這種佛的境界不能單靠感情上的相信，而是要通過三昧的自證，獲得清淨的實際受用，那怕只有一念的短促，都必能從內在引發出真正的信心。這一點，八譯的見解相若，這在 D17③已有談到。若從次第上說，這是偏於自利的首次自證。接下來，來到 D28（昭十），當時的背景情況是：菩薩莊嚴佛土時所處的心態。這個背景，便有從 D17 的自修境界中，踏出實踐大乘菩薩行的意味了！最後就是來到 D36（昭十四），其背景情況則是：「須菩提聞說是經，深解義趣，涕淚悲泣」[327]，說明聲聞聖者終於因大乘的實踐，深感其偉大，而能夠完全擺脫聲聞智慧的約束，融入大乘的領域之中。D28 與 D36 這兩個部份，八譯大致就是分為兩種演繹方法：第一種是前後兩段話利用了不同的描述，如什譯 D28 用「生清淨心」，D36 用「生無所住心」，什、支、諦、M、C 五譯約屬此類；第二種是前後兩段話利用了意思相同的描述，如奘譯前後皆說「都無所住」，笈、奘、淨三譯約屬此類。

---

[327] 什譯，頁 750 上。

　　可見得，由 D17 開始進而 D28，最後進至 D36，心的境界就是由一念的清淨進而破六塵而獲得清淨，最後進至無所謂清淨不清淨的無所住，是一層深廣過一層的。無論是經文的排列次序，又或是所描述的意涵，都在顯示著這條由淺至深、由細而廣的大乘修證次第！因此，若 D28 至 D36 一段被描述成相同無異的境界，豈不後者毫無寸進？M、C 二譯都為後者（D36）增加了內容，那是「無法、無非法、無任何法」的意思，這就不同於前者（D28）的單舉「無任何法」，並隱含著非清淨非不清淨的意涵。如以什譯文字所詮釋的意境來說，前者的「應如是生清淨心……應無所住而生其心」，便意味那仍然是注重在自證的維持上，因此還是必須有一個「清淨心」的「相」，好讓心能夠有所尋伺、讓自證能夠有所依據。簡言之，這還是破「所」以助破「能」的境界。雖然已不錯，但是，後者「應生無所住心」的境界更完美！「清淨心」的「相」已不復存，因為「心」已不用再倚靠它作為依據，並已能培育出「無住」的自發力量了。

　　本來，世親《論》就有相近的見解。如《論》中解釋 D28 的「清淨心」便說：「若人分別佛國土是有為形相，而言我成就清淨佛國土，彼菩薩住於色等境界中生如是心；為遮此故，如經：是故須菩提，諸菩薩摩訶薩，應如是生清淨心。」[328]說明「清淨

---

[328]　天親菩薩造，〔元魏〕菩提流支大師譯《金剛般若波羅蜜經論》：「若人分別佛國土是有為形相，而言我成就清淨佛國土，彼菩薩住於色等境界中生如是心；為遮此故，如經：是故須菩提，諸菩薩摩訶薩，應如是生清

心」是一個為了對治「住於色等」的手段，亦即以「清淨心」的自證，來檢定確實已無「住於色等」。而在解釋 D36 的「無所住心」時則說：「已入初地……此名不住心。……此經文說不住心起行方便。」[329]說明「無所住心」是「初地」菩薩「起行方便」的功能力用。這前後兩段的解釋，明顯是有淺深的層次性。

但在諦譯以後，「清淨心」被隱沒了，相信是因為唯識家對「清淨」的定位極高所致。在《攝大乘論釋》，「清淨」是與「永斷煩惱及諸習氣」[330]和「無住涅槃，以捨雜染，不捨生死」[331]掛鉤的。D28 只談及不住六塵，似乎與此門檻還有相當的距離。更何況這門檻的高度猶如「清淨識」（菴摩羅識）所顯，然而此識

淨心而無所住，不住色生心，不住聲、香、味、觸、法生心，應無所住而生其心故。」《大正藏》，第 25 冊，卷 1，頁 786 上。

[329] 同上，《金剛般若波羅蜜經論》：「第一義心者，已入初地，得屬提波羅蜜故，此名不住心。如經：是故須菩提，菩薩應離一切相，發阿耨多羅三藐三菩提心故。何以故？示不住生心義故。若心住於色等法，彼心不住佛菩提，此明不住心行於布施。此經文說不住心起行方便，以檀波羅蜜攝六波羅蜜故。」《大正藏》，第 25 冊，卷 2，頁 788 中。

[330] 世親菩薩造，〔唐〕玄奘大師譯《攝大乘論釋》：「清淨差別者，以菩薩現觀，永斷煩惱及諸習氣，能淨佛土。聲聞不爾。」《大正藏》，第 31 冊，卷 6，頁 353 上。

[331] 同上《攝大乘論釋》：「論曰：如是已說增上慧殊勝，彼果斷殊勝云何可見？斷謂菩薩無住涅槃，以捨雜染，不捨生死，二所依止轉依為相。此中，生死謂依他起性雜染分，涅槃謂依他起性清淨分；二所依止，謂通二分依他起性；轉依，謂即依他起性對治起時，轉捨雜染分，轉得清淨分。」《大正藏》，第 31 冊，卷 9，頁 369 上。

「唯帶舊種非新受熏」[332]。可見，它不像什譯的「清淨心」那樣是「生」出的。故此，爲免釋經產生漏洞，還是把無著《論》[333]、世親《論》、《金剛仙論》[334]三論都一直有提及的「清淨心」刪除掉，僅保留「無所住心」的詞意。但這樣做，就同時把什、支二譯的次第境界給抹煞了。

事實是，「清淨心」一語早見於西晉竺法護大師所譯《度世品經》[335]，絕非什師所獨創。而聲聞乘的《雜阿含經》亦有以「清淨心」爲人說法的記載[336]，這與《金剛經》如如不動地說法內容頗爲類似。若單憑什譯出現「清淨心」，而現存梵本缺此語，學者們便斷定那是什師隨意剪裁所致的話[337]，恐怕這只是個未曾考

---

[332] 〔唐〕護法等菩薩造，玄奘大師譯《成唯識論》：「此如來第八淨識，唯帶舊種，非新受熏。」《大正藏》，第 31 冊，卷 2，頁 9 下。

[333] 無著菩薩造，〔隋〕笈多大師譯《金剛般若波羅蜜經論》：「若念嚴淨土者，則於色等事分別、生味著。爲離此故，經言：是故，須菩提！諸菩薩摩訶薩，應如是生清淨心而無所住。」《大正藏》，第 25 冊，卷 2，頁 772 上。

[334] 天親菩薩造，金剛仙論師釋，〔元魏〕菩提流支大師譯《金剛仙論》：「應如是生清淨心者，應如上第四段於三事中不取著心也。」《大正藏》，第 25 冊，卷 4，頁 827 下。

[335] 〔西晉〕竺法護大師譯《度世品經》卷 2：「發清淨心，棄捐一切不宜之計，其意質直而無諛諂。」《大正藏》，第 10 冊，卷 2，頁 624 中。

[336] 〔劉宋〕求那跋陀羅法師譯《雜阿含經》：「以慈心、悲心、哀愍心、欲令正法久住心而爲人說，是名清淨說法。唯迦葉比丘有如是清淨心爲人說法，以如來正法、律，乃至令法久住心而爲人說。是故，諸比丘！當如是學、如是說法，於如來正法、律，乃至令法久住心爲人說法。」《大正藏》，第 2 冊，卷 41，頁 300 上。

[337] 蕭玫，〈「應無所住而生其心」——從梵文原義到禪學新詮〉：「平情而論，

慮到梵本也有可能被別派所剪裁的偏頗論調而已。更從本文第貳
、叁章的全面文本對比可見，梵本被別派所剪裁的機率似乎還要
較高一些！

四、是名般若波羅蜜的存廢

　　根據 D32 的顯示，緊接在「非般若波羅蜜」後，八譯出現
了「是名般若波羅蜜」的存廢差異。情況有三種：第一種是什、
支、諦三譯的沒有此「是名」句意；第二種是笈、奘、M、C 四
譯的有此句意；第三種是淨譯的把一整段移到別的位置，並且沒
有此「是名」句意（見 D32②）。

　　另須補充的是，不論無著《論》、世親《論》、《金剛仙論》、
笈多譯《金剛般若論》、窺基著《金剛般若經贊述》、義淨譯《能
斷金剛般若波羅蜜多經論釋》等等，引用經文的部份皆沒有此句
意，故可以肯定四譯（含淨譯）沒有此句意是有所根據的。但因
為笈、M、C 三譯有此句意，所以同時亦可以肯定，某些梵本確
是早便有此句意的，而非漢地添加。

　　這句「是名般若波羅蜜」的存廢問題，流行最廣的什譯，深
深受其影響，至使後代很多什譯的流通本和註疏，都加進了這一

『無住心』之譯為『清淨心』，雖是為了避免和下文的用字重複而顯呆
滯……」，2014 年，《正觀雜誌》，第 68 期，頁 31，正觀雜誌社，南投，
台灣。

句。譬如憨山大師的《金剛經決疑》[338]、太虛大師的《金剛般若波羅蜜經講錄》[339]、當代聖一老法師的《金剛經淺易》[340]，乃至張宏實的《圖解金剛經》[341]等等，皆有此句。查其首先出現的，相信是明代永樂皇帝（1403~1424 在位）御製廣印的《金剛經註解》[342]，在其引經文句中，便首次加入「**是名般若波羅蜜**」的句子。[343]（按：但參考 1420 年遷都北京後所結集的《永樂北藏》中，什譯本身的經文卻是沒有加入此句[344]，可見此句僅在《金剛經註解》中出現。）這樣來自皇權的廣印流通，影響自然大了。

至清末，對《金剛經》有相當考察的江味農，在著作《金剛經講義》中認爲此句「**爲後人所加，大誤。須知此⋯⋯正明會歸**

---

[338]〔明〕憨山大師著《金剛經決疑》，《卍續藏》，第 25 冊，卷 1，頁 57 下。

[339] 釋太虛著，太虛大師全書出版委員會《太虛大師全書》，2005 年 1 月，第五編，〈法性空慧學〉，頁 53。佛教文化出版社，國家圖書館文獻縮微複製中心，北京，中國。

[340] 聖一老法師述，衍輪法師錄《金剛經淺易》，1996 年，頁 93。寶林禪寺，香港，中國。

[341] 張宏實《圖解金剛經》，2008 年 3 月，頁 304。橡實文化，台灣，台北。

[342]〔明〕洪蓮法師編《金剛經註解》，永樂皇帝作序說：「**朕夙欽大覺，仰慕真如，間閱諸編，選其至精至要經旨弗違者，重加纂輯，特命鋟梓，用廣流傳。⋯⋯明永樂癸卯四月八日序**」《卍續藏》，第 24 冊，卷 1，頁 757 上。

[343]〔明〕洪蓮法師編《金剛經註解》，《卍續藏》，第 24 冊，卷 1，頁 783 上。

[344]〔後秦〕鳩摩羅什大師譯《金剛般若波羅蜜經》，《永樂北藏》，2000 年，第 18 冊，卷 1，頁 723，永樂北藏整理委員會編，線裝書局，北京，中國。

性體，故皆遣相以明性。……無知妄作，一味濫加，可歎。不但唐人寫經，無是名句，智者、嘉祥、圭峯，三大師注疏中，皆無是名句意，當從古本。」[345]簡言之，直指「是名般若波羅蜜」是後人加進去的，而且會令修此法門的人無法「不住相」並「證不得空性」。

持不同意見的卻有妙境法師，他講述《金剛般若波羅蜜經》時說：「有此句話也可以，道理上並不妨礙。是一個假名的……語言文字的金剛般若波羅蜜，也可稱之為金剛般若波羅蜜，雖然非那個勝義的金剛般若波羅蜜，但我們凡夫學習，還要從這裡開始，若不從這裡開始，我們是無希望得到解脫的。」[346]這則明言是為凡夫學習的需要，才加進這句的，而且並不影響修行。

事實上，古來漢傳論疏，討論這句存廢問題的學者並無幾人。但從上面兩位的見解，實亦可以代表了兩種主要的立場：一者，就是江味農代表著以自證畢竟空為究竟的中觀立場；其次就是妙境法師代表了著重引導修行，亦即重視運用假有的瑜伽師立場。若以《金剛經》的話去說就是，要麼重視無相，要麼重視度眾的兩種觀點。而且，相信亦是因為彼此所重視的不同，致使兩種立

---

[345] 〔清代〕江味農《金剛經講義》，2004 年 4 月，頁 240 至 241。佛陀教育基金會，台灣，台北。
[346] 妙境法師述《金剛般若波羅蜜經》；網址：http://www.baus-ebs.org/sutra/fan-read/007/62.htm；上網時間：2015 年 11 月 20 日， 15:56。

場把經文南轅北轍地呈現著，以彰顯空、有二宗的觀點。

　　玄奘留學印度那爛陀寺前後，正值空、有二宗爭論的激烈期。玄奘在印度的老師，瑜伽行派的戒賢，與中觀派的智光，在三時教了義誰屬的問題上針鋒相對，卻難分勝負。[347]故可以想像，像「是名般若波羅蜜」這種涉及了義誰屬的問題，很有可能會成為二派的戰場之一。但正如《金剛經》本身告訴我們的，無相與度眾本來就是大乘教義中的兩翼，是「偏則兩損，合則雙成」的兩面，所以這種誰比較重要的辯論，注定是不會有什麼勝負結果。因此，甚可能是具德具慧的長老們，便移走了會引起爭端的整句話，搬到後面去。所以比玄奘晚 50 年到那爛陀寺的義淨，便帶回這個修訂本，並譯成淨譯。從結果所見，有兩件事做得很巧妙：首先，刪走空宗不接受的「是名般若波羅蜜」句，便可減低空宗的抗議；另外，在搬去的位置之後，有一句「*此最勝波羅蜜多，是如來所說諸波羅蜜多。如來說者，即是無邊佛所宣說，是故名為最勝波羅蜜多。*」[348]這剛好代替被刪走的「是名般若波羅蜜」句，因此，有宗的不滿亦被平服。

　　從文本對比中可見，除了這裏的 D32 外，淨譯其實已擔當過好幾處「和事佬」的角色。如 D21 關於「定法」的有或無、D31 關於「最上第一希有之法」的實或不實、D51 關於「如是如

---

[347] 可參見〔唐〕法藏大師述《華嚴經探玄記》，《大正藏》，第 35 冊，卷 1，頁 111 下至 112 上。
[348] 淨譯，頁 773 中。

是句」的刪除、D61 關於「如來不以具足相故，得阿耨多羅三藐三菩提」的不以或以，都一再顯示淨譯是高度修訂後的圓融版本。雖然它的梵文原典已找不到，但幸好漢譯完好地保留了下來，讓我們能夠從中推算出印度當時的空、有之爭是何等激烈，並且得以窺見當時的具慧者是何等慈悲！

第三節　後半菩提心無「我」相的悟入

前半部中，開示了大乘立教的宗旨在於度眾而無「我」等相。所證的果位，區別於聲聞四果，則是「菩薩」與「佛」；菩薩對「法」的處理亦不同於聲聞的出離，而是以無「所」住爲方便。這些都是八譯所共通的。不過，八譯也存在重要思想上的不同，在上面已詳述過。往下將討論下半部給初發心者悟入的內容，看看八譯的重要思想差異，造成怎樣的影響。

一、諸法如與眞如

上一節談論過「所」邊的無爲法，說明空宗「無爲法亦無」的思想，大異於有宗「無爲眞如眞實」的思想。來到本節的觀「能」邊，兩宗終於借最高的「能」證者——如來，對「如」的眞實與否，表述了彼此的立場。

D48①已說明過八譯分別以四種方式，表述四種觀點。在這一空三有的表述中，什譯不立一實法的空宗思想，說「如來者，

即諸法如義」。這樣簡單的一句話，在《小品般若波羅蜜經》有比較詳盡的說明：

> 諸佛無所從來，去無所至。何以故？諸法如，不動故。諸法如，即是如來。善男子！無生無來無去，無生即是如來。實際無來無去，實際即是如來。空無來無去，空即是如來。斷無來無去，斷即是如來。離無來無去，離即是如來。滅無來無去，滅即是如來。虛空性無來無去，虛空性即是如來。善男子！離是諸法，無有如來。是諸法如，諸如來如，皆是一如，無二無別。善男子！是如唯一，無二無三，離諸數，無所有。[349]

從引文可知，「如來」的特點是：在時空上無來無去，即所謂「不動」，即所謂「如」。因此，只要通過智慧的明見，任何得以展現出這種「不動」特性的「法」便是「如」，即便是「如來」。所以，「如來」並非離開「法」另有一個「如來」，而是「法」「如」，即是「如來」「如」；若離開「法」，就什麼都談不上，連「如來」亦沒有。這雖然還是非常抽象的解釋，但「離是諸法，無有如來……離諸數，無所有」十分清楚的表達了不立一實法的空宗思想。

引文中，應特別注意「不動」這個詞。在唯識百法中，立「不

---

[349] 〔後秦〕鳩摩羅什大師譯《小品般若波羅蜜經》，《大正藏》，第 8 冊，卷 1，頁 584 上。

動」為六種無為法之一，《顯揚聖教論》說：「不動者，謂離遍淨欲，得第四靜慮，於其中間，苦、樂離繫性。」[350]這相信是以瑜伽師的禪境角度，僅判定「不動」乃第四禪所顯。當然，四禪境界就不是空宗的理論那樣，等同「如來」的境界了。由此可知，唯識家並不像空宗「諸法如，不動故」的思想，依「不動」的特性來說明「諸法如」。事實是，唯識家直接將「如」看成至高無上的真理，所謂「真如」[351]，並認為「不動」只能算是依「真如」而建立的附從而已。[352]而且，這個無上的「真如」，是真實可得的！[353]從這些說明，大抵已把什譯與餘七譯出現分歧的主因剖析了。

　　結果，支譯的「如來者，即實真如」首先依唯識家的立場作出了反應，那是在什譯的「如來者，即諸法如義」之上增加「如」

350　無著菩薩造，〔唐〕玄奘大師譯《顯揚聖教論》，《大正藏》，第 31 冊，卷 1，頁 484 下。

351　《瑜伽師地論》：「真如無上，無為清淨所緣義故。」《大正藏》，第 30 冊，卷 72，頁 698 中。

352　《顯揚聖教論》卷 18〈11 攝勝決擇品〉：「八種無為，如攝事品已說。虛空無為者，由心所緣境相相似故立為常，非緣彼心緣彼境界，有時變異故。由清淨所緣故建立真如，由此真如如清淨時所緣體相，常如是住故。由四種離繫故，建立餘四無為，謂非擇滅等四種。離繫者，謂緣差脫畢竟離繫(非擇滅無為)、簡擇煩惱究竟離繫(擇滅無為)、苦樂暫時離繫(不動無為)、心心法暫時離繫(受想滅無為)。」《大正藏》，第 31 冊，卷 18，頁 572 上。

353　《瑜伽師地論》：「不觀見言說自性，見真如相。此由九種相當觀無為相：一者，不行世故。二者，非如在滅盡定言說自性不可得故，真如相可得故，是無二相……」《大正藏》，第 30 冊，卷 80，頁 745 中。

是「眞實」的意涵。就這樣，作爲橋樑以通往「如來」的「不動」和「諸法如」被淡化，並被暗貶爲「不夠眞實」。這個「不夠眞實」可不簡單，它所代表的實是「不了義」！本來「諸法如」與「空」可謂同一意思（如《小品》說：「空即是如來」），但因爲它的另一身份「不動」，現在比不上「眞如」，連帶「空」也一樣變成了「眞如」的附屬品。換句話說，若「空」的程度無法相應至高無上的「眞如」，那麼，這種「空」仍然是不了義！唯識思想就是這樣，一下子便超勝了空宗思想。

　　後來以支譯爲基礎，再衍生出兩種更進步的講法。第一種，爲「眞如」的至高無上進行全面的解釋，即笈、奘、M 三譯。他們利用唯識家獨有的「四種涅槃」思想[354]去解釋「眞如」如何超然物外。只要看奘譯，便可知道譯文與「四種涅槃」的關係：「如來者，即是眞實眞如增語」，這即是註腳所引《成唯識論》所謂其性本寂的「本來自性清淨涅槃」；「言如來者，即是無生法

---

[354] 護法等菩薩造，〔唐〕玄奘大師譯《成唯識論》：「涅槃義別略有四種：一本來自性清淨涅槃，謂一切法相眞如理，雖有客染而本性淨，具無數量微妙功德，無生無滅湛若虛空，一切有情平等共有，與一切法不一不異，離一切相一切分別，尋思路絕名言道斷，唯眞聖者自內所證，其性本寂故名涅槃。二有餘依涅槃，謂即眞如出煩惱障，雖有微苦所依未滅，而障永寂故名涅槃。三無餘依涅槃，謂即眞如出生死苦，煩惱既盡餘依亦滅，眾苦永寂故名涅槃。四無住處涅槃，謂即眞如出所知障，大悲般若常所輔翼，由斯不住生死、涅槃，利樂有情，窮未來際，用而常寂故名涅槃。一切有情皆有初一；二乘無學容有前三；唯我世尊可言具四。」《大正藏》，第31 冊，卷10，頁55 中。

性增語」，這即是生、死已寂的「有餘依涅槃」；「言如來者，即是永斷道路增語」，這即是眾苦永寂的「無餘依涅槃」；「言如來者，即是畢竟不生增語」，這即是不住生死、涅槃的「無住處涅槃」。第二種講法則不多作解釋，直接以「別名」為理由就把「真如」等同了「如來」；諦、淨、C 三譯即屬此類。相信這一種講法，可能是基於把「真如」與「如來」的自性進行考究後，得出兩者都是究極清淨的結論所至[355]。

以上這兩種更進步的講法，除了隱沒了什譯的「諸法如」不談之餘，更完全聚焦在「真如」本身的無上、真實、究竟上面去加以發揮。另外，兩種講法是出自《攝大乘論釋》與《成唯識論》，故此，很有可能是出於世親，甚至是護法前後的講法。因為在護法之後，他的弟子最勝子，似乎令「真如」的內涵再有發展，形成所謂的「究竟清淨真如名為瑜伽」[356]的義理，證明這一法脈十分關注「真如」的開展。其結果是，「如來」就只有「瑜伽」能

---

[355] 世親菩薩造，〔唐〕玄奘大師譯《攝大乘論釋》：「自性清淨者，謂此自性本來清淨，即是真如自性實有，一切有情平等共相，由有此故，說一切法有如來藏。」《大正藏》，第 31 冊，卷 5，頁 344 上。

[356] 最勝子等菩薩造，〔唐〕玄奘大師譯《瑜伽師地論釋》：「諸瑜伽師，觀無少法可令其生，及可令滅；亦無少法欲令證得，及欲現觀。謂於一切雜染無性瑜伽中行，觀無少法可令其生，及可令滅；及於一切清淨無性瑜伽中行，觀無少法欲令證得，及欲現觀。或說究竟清淨真如名為瑜伽，理中最極一切功德共相應故。如入楞伽契經中說：若觀真義，除去分別，遠離瑕穢，無有能取，亦無所取，無解無縛，爾時在定，當見瑜伽，不應疑慮。」《大正藏》，第 30 冊，卷 1，頁 884 上。

《金剛經》八譯的文本比較

夠體證了。這個見解，雖然未及影響到《金剛經》的文字，但卻
在後來的空、有爭論中，深深影響了戒賢一派，而判空宗的思想
爲不了義，瑜伽的方爲了義說。[357]於此可見到，八譯不單止反映
了空、有二宗的差異，就連唯識宗內的思想變化也可從中獲得一
些線索。

二、心與心流注

　　唯識家的眞如思想，也影響著 D51 的「心」與「心流注」
的表達。阿賴耶識相續地住於什麼，是唯識家所關注的問題。只
要它緣於眞如，那便是無分別。[358]然而，阿賴耶識可不是那麼順
從的。如果其中的善根種子不足，不傾向緣於眞如，卻傾向住於
染法，那自然無法解脫。因此，如何修行令到種子傾向緣於眞如，
就是唯識學的重點，這亦是爲什麼須菩提的起問中會有譯本出現

---

[357] 〔唐〕法藏大師述《華嚴經探玄記》：「戒賢即遠承彌勒、無著，近踵
護法、難陀，依深密等經、瑜伽等論，立三種教，謂：佛初鹿園說小乘法，
雖說生空，然猶未說法空真理，故非了義，即四阿含等經；第二時中，雖
依遍計所執自性，說諸法空，然猶未說依他、圓成、唯識道理，故亦非了
義，即諸部般若等教。第三時中，方就大乘正理具說三性、三無性等唯識
二諦，方為了義，即解深密等經。又此三位各以三義釋：一攝機、二說教、
三顯理。且初唯攝聲聞，唯說小乘，唯顯生空；二唯攝菩薩，唯說大乘，
唯顯二空；三普攝諸機，通說諸乘，具顯空、有。是故前二攝機、教理，
各互有闕故，非了義。後一機無不攝，教無不具，理無不圓，故為了義。」
《大正藏》，第 35 冊，卷 1，頁 111 下。
[358] 護法等菩薩造，〔唐〕玄奘大師譯《成唯識論》：「阿賴耶……緣真如故，
是無分別。」《大正藏》，第 31 冊，卷 10，頁 56 下。

「云何修行」的原因之一。

　　唯識學中，要令種子傾向緣於真如，就要利用種子的特性，所謂「現行熏種子，種子生現行。」[359]其中的理論約是：以聞、思、修，學習正法，熏習種子，扭轉種子傾向於真如，使種子生起出世正行，同時正行亦反過來熏習種了，輾轉熏、生，長養出世心[360]，直至雜染種子完全喪失生起有漏現行的作用時，修所成慧便算成就了。[361]正是因為「無漏種生亦由熏習」，所以在 D51 ①不能說阿賴耶識「空」，否則成聖便沒有希望了。當然，這個或稱為心[362]但不能「空」的阿賴耶識，還是會熏習到雜染法。不過唯識家認為不用擔心，因為雜染種子始終必須遇緣方能生起有

---

[359] 〔唐〕圓測大師著《仁王經疏》：「同時因果，如說現行熏種子，種子生現行等，即是俱時因果；種子自類相生等，即是前後因果門。」《大正藏》，第 33 冊，卷 2，頁 402 中。

[360] 如(一)《瑜伽師地論》卷 52：「諸出世間法從真如所緣緣種子生，非彼習氣積集種子所生。」《大正藏》，第 30 冊，卷 52，頁 589 上。(二)護法等菩薩造，〔唐〕玄奘大師譯《成唯識論》：「諸種子無始成就，種子既是習氣異名，習氣必由熏習而有。……有漏種必藉熏生；無漏種生亦由熏習！說聞熏習，聞淨法界等流正法而熏起故，是出世心種子性故。」《大正藏》，第 31 冊，卷 2，頁 8 中。

[361] 同上，《成唯識論》：「聞熏習非唯有漏，聞正法時亦熏本有無漏種子，令漸增盛，展轉乃至生出世心，故亦說此名聞熏習；聞熏習中有漏性者是修所斷。」《大正藏》，第 31 冊，卷 2，頁 9 上。

[362] 同上，《成唯識論》卷 3：「第八識雖諸有情皆悉成就，而隨義別立種種名，謂：或名心，由種種法熏習種子所積集故；或名阿陀那，執持種子及諸色根，令不壞故；或名所知依，能與染淨所知諸法為依止故；或名種子識，能遍任持世、出世間諸種子故；此等諸名通一切位；或名阿賴耶，攝藏一切雜染品法，令不失故。」《大正藏》，第 31 冊，卷 3，頁 13 下。

漏現行，只要無漏種子的力量夠強，雖遇緣而不隨想轉，用奘譯的術語就是「無想轉」，有漏現行便不能進行熏習的作用。而且，若能乘遇緣的機會，「隨六想[363]修諸不亂相」反覆熏習，當可令「諸心相續，諸心流注，前後一味無相、無分別寂靜而轉。」[364]這就是為什麼什譯後的七譯，對「心」的時間觀念越加關注，並最終以「心流注」來描述它的背後思想。

那麼，D52 的「三心不可得」又如何用不能空的「心流注」來說明呢？尤其是「心流注」仍未真正緣於真如之前，難道所借用的「六想」與所「審諦了知」的「亂、不亂相」就不會薰染增長有漏種子嗎？唯識家對這個的見解是，真如本來就不可思議[365]。因此，「審諦了知」的根據，不應直接來自真如，而是應該來自相對上可思可議的「正法」的如理作意之上，這便是「正智」。[366]所謂如理作意，有說就是不要「如文判義」，因為「正法」是

---

[363]《瑜伽師地論》：「云何想蘊？謂有相想、無相想；狹小想、廣大想；無量想、無諸所有、無所有處想。復有六想身：則眼觸所生想；耳、鼻、舌、身、意、觸所生想；總名想蘊。」《大正藏》，第 30 冊，卷 27，頁 433 下。

[364]《瑜伽師地論》：「如是如是汝能了知諸相，尋思隨煩惱中所有亂相，及能了知心一境性，隨六想修諸不亂相。又汝於此亂、不亂相，如是如是審諦了知，便能安住一所緣境，亦能安住內心寂止，諸心相續，諸心流注，前後一味無相、無分別寂靜而轉。」《大正藏》，第 30 冊，卷 32，頁 460 下。

[365]　無著菩薩造，〔唐〕玄奘大師譯《顯揚聖教論》：「真如及無漏性皆不可思議。」《大正藏》，第 31 冊，卷 17，頁 564 中。

[366]　如《瑜伽師地論》：「問：真如當言誰所生？答：當言無生。問：正智當言誰所生？答：當言由聽聞正法如理作意正智得生。」《大正藏》，第

與眞如相應的如來所施設的方便，其義可信，凡夫不需懷疑，只要遠離執著名相，並應「觀此正說同一眞如味」，自然可以「成熟佛法果」。[367]另外亦有說，要「遠離六種不應思處」，所謂「我、有情、世間、有情業果與異熟、靜慮者與靜慮境界、諸佛與諸佛境界」，「但正思惟所有諸法自相、共相。」[368]當中，「如文判義」產生懷疑、思議我、有情、世間、靜慮者與靜慮境界等等，涉及「現在心」的執著；思議有情業果與異熟，涉及對「過、未心」的因果執著；思議諸佛與諸佛境界，涉及對「未來心」的期盼。「但正思惟所有諸法自相、共相」，則可破除如上問題的主要因緣——我執。[369]以上如理作意所應作、不應作的種種，切實說來就是唯識家遠離三心可得的具體修行法門了。

---

30 冊，卷 72，頁 696 下。

[367] 世親菩薩釋，〔陳〕眞諦譯《攝大乘論釋》：「如來隨眾生根性及煩惱行，立種種法相。若人如文判義，此種種法前後相違；若執此相不離疑惑，於正法中，現世無有得安樂住義。若依無相修，於正法中出離種種立相想，觀此正說同一眞如味，心無疑厭，於正法中，縱任自在故現世得安樂住，此成熟佛法果，是無相修所得。」《大正藏》，第 31 冊，卷 10，頁 225 上。

[368] 《瑜伽師地論》：「云何思正法？謂如有一即如所聞、所信正法，獨處空閑，遠離六種不應思處，謂：思議我；思議有情；思議世間；思議有情業果、異熟；思議靜慮者、靜慮境界；思議諸佛、諸佛境界，但正思惟所有諸法自相、共相。」《大正藏》，第 30 冊，卷 25，頁 419 上。

[369] 《瑜伽師地論》：「為欲對治於無我中計我顛倒，立法念住。由彼先來有『有我見』等諸煩惱故，無『無我見』等諸善法故，於諸蘊中生起我見，以於諸法住循法觀，如實了知所計諸蘊自相、共相，便於無我、斷我顛倒。」《大正藏》，第 30 冊，卷 28，頁 441 下。

三、善法與無上菩提

D57③討論過什譯的「以無我……修一切善法,則得阿耨多羅三藐三菩提」,別本的後兩句次序是倒過來寫的。現再爲此更作深論。

如比較起佛回答須菩提的第一問中(昭三),那裏是先依「所」邊說度眾而實無眾生可度,再返過來照見無「能」邊的我等四相;什譯 D57 這裏的見解,看來正好就是當時那個道理倒過來的說法,是先無「能」邊的我等四相,再外照「所」邊的「修一切善法」成無「所」住。當然,文中並沒有提及無「所」住,但以「得阿耨多羅三藐三菩提」的結果看來,這是不言而諭的。《智論》說「有爲善法是行處,無爲法是依止處;餘無記、不善法,以捨離故不說。此是新發意菩薩所學。」[370]可見這種「修一切善法」的修行方法,是特別適合《金剛經》後半部所講的初發心善男女的。當結合先已無「能」邊的我等四相,則可令「能、所」兩邊都成爲「無爲」[371],契合「阿耨多羅三藐三菩提」度眾(善法)而無相的宗旨。

不同於什譯,譬如支譯說:「以無眾生、無人、無壽者,得平等阿耨多羅三藐三菩提,一切善法得阿耨多羅三藐三菩提」,

---

[370] 龍樹菩薩造,〔後秦〕鳩摩羅什大師譯《大智度論》,《大正藏》,第 25 冊,卷 59,頁 480 下。

[371] 同上,《大智度論》:「無爲法中亦不計我,苦樂不受故。」《大正藏》,第 25 冊,卷 12,頁 148 中。

這些別本的講法卻非「能、所」結合的效果，而是單獨以無我，便「得平等阿耨多羅三藐三菩提」。繼而以此覺性應用到一切善法上，使它們都相應無上菩提。這就令人聯想到「唯識四智」的次第轉依上去。《大乘莊嚴經論》說：「八七六五識，次第轉得故者，轉第八識得鏡智，轉第七識得平等智，轉第六識得觀智，轉前五識得作事智，是義應知。」[372]這說明八、七、六、與前五識，是依次轉成「唯識四智」的。首先，第八識內種子的染、淨，是決定第八識是否轉成「大圓鏡智」的關鍵。從三自性與種子的薰習上說，就是種子生起的現行為依他起性，只要不生遍計執，依他起的現行便會以圓成實的清淨，薰習種子，日積月累，第八識內種子便會薰成清淨種子，此後對一切境界「常不愚迷」，第八識當轉成「大圓鏡智」。[373]而所謂的圓成實的清淨，實無非就是無我的境界。[374]因此，簡單地說，以無我推動第八識轉成「大圓

---

[372] 無著菩薩造，〔唐〕波羅頗蜜多羅法師譯《大乘莊嚴經論》：「四智鏡不動，三智之所依；八七六五識，次第轉得故。釋曰：四智鏡不動，三智之所依者，一切諸佛有四種智：一者鏡智、二者平等智、三者觀智、四者作事智；彼鏡智以不動為相，恒為餘三智之所依止。何以故？三智動故。八七六五識，次第轉得故者，轉第八識得鏡智，轉第七識得平等智，轉第六識得觀智，轉前五識得作事智，是義應知。」《大正藏》，第 31 冊，卷 3，頁 607 上。

[373] 無性菩薩造，〔唐〕玄奘大師譯《攝大乘論釋》：「轉阿賴耶識故得大圓鏡智，雖所識境不現在前而能不忘不限時處、於一切境常不愚迷。」《大正藏》，第 31 冊，卷 9，頁 438 上。

[374] 《瑜伽師地論》：「法無我真如清淨所緣，是名圓成實相。」《大正藏》，第 30 冊，卷 76，頁 722 上。

鏡智」，就是最重要的第一步，並即是能否證得無上菩提的主因。然後就是依次轉第七識成「平等性智」、轉第六識成「妙觀察智」，並最終轉前五識成「成所作智」。這個「成所作智」所應用到的一切心念行為，都必然轉變成圓滿的善法，那即是餘譯所謂的「一切善法得阿耨多羅三藐三菩提」了。[375]從這裏可以見到，唯識家所重視的「二無我」義理，與中觀家的「一切法畢竟空」，在闡述上便有天壤之別！

四、三十二具足相

這裏要討論的，是 D59 至 D62 數項所牽涉的問題，亦是八譯改動最大、最峰迴路轉的差異。為說明清楚，現先把什譯有關的譯文引出，並加上如「句 X1」的編號方便引用解釋，如下：

> 須菩提！於意云何？可以三十二相觀如來不？（句 X1）
> 須菩提言：如是，如是！以三十二相觀如來。（句 X2）
> 佛言：須菩提！若以三十二相觀如來者，轉輪聖王則是如來。（句 Y1）
> 須菩提白佛言：世尊！如我解佛所說義，不應以三十二相觀如來。（句 Y2）
> 爾時，世尊而說偈言：若以色見我，以音聲求我，是人

---

[375] 護法等菩薩造，〔唐〕玄奘大師譯《成唯識論》：「成所作智相應心品，謂此心品為欲利樂諸有情故，普於十方示現種種變化三業成本願力所應作事。」《大正藏》，第 31 冊，卷 10，頁 56 上。

行邪道，不能見如來。（句 Y3）

須菩提！汝若作是念：如來不以具足相故，得阿耨多羅
三藐三菩提。須菩提！莫作是念：如來不以具足相故，
得阿耨多羅三藐三菩提。（句 Z1）

須菩提！若作是念，發阿耨多羅三藐三菩提者，說諸法
斷滅相。莫作是念。何以故？發阿耨多羅三藐三菩提心
者，於法不說斷滅相。[376]（句 Z2）

　　首先，我們把上列的對話分成 X、Y、Z 三組。在 D54 已說
過，「具足相」就是「三十二相」。僅由此已知，X、Y、Z 三段
對話的主題相同，所以彼此是有關的。故此，若把什譯的這三段
說話分開解釋，便很可能出現詮釋錯誤。明代宗泐法師嚴厲批評
昭明太子的三十二分法「破碎經意」[377]，可能也與這一點有關。

　　現在來看 Y3，即 Y 組對話的結句（下一小節會更深入討論
這偈頌）。雖然偈末有「不能見如來」，但 Y3 講的重點應該仍然
是頭二句所帶出的「無我」。即是說，若以「有我」的境界，是
無法「見如來」的。這是非常明顯的，特別是「求我」二字，是
眾多經論都有提及的，而且普遍會加上「不可得」[378]，說明諸法

[376]　什譯，頁 752 上。
[377]〔明〕宗泐法師《金剛般若波羅蜜經註解》：「此經乃後秦三藏法師鳩摩
羅什所譯。分三十二分者，相傳為梁昭明太子所立，尤譯本無，又與本論
科節不同，破碎經意，故不取焉。」《大正藏》，第 33 冊，卷 1，頁 228
中。
[378]　如龍樹菩薩造，〔後秦〕鳩摩羅什大師譯《大智度論》：「行者既於想眾、

無我的道理。這個「求我不可得」一般是說修行者對自己的審觀
自證而言，而不是說對他人的察看分析。因此，什譯由 X、Y 兩
組對話都用上「觀」字，亦是全經唯一用上「觀」字的地方，正
是為了表示這是自我審觀。還可注意的是須菩提在 Y2 謙遜地說
「如我解佛所說義」，說明其說話內容是佛的內觀自證境界，他
亦只是憑理解去說。所以，文中的「如來」是指自我審觀三十二
相後的自證結論，譬如自言「我是如來」，而非對他人察看分析
得出結論後說「他是如來」。因此，既然這裏重點講「無我」，那
當然是為了破「有我」的見解。故此 X、Y 兩對話的目的，尤其
是 Y 組（X 組還有別意待會詳論），就是要說明即使是「轉輪聖
王」自我審觀具備三十二相，亦根本無法自證謂：「我是如來」。
如換句《金剛經》的術語說便是：「有我、即非有我」，而這個描
述，在什譯中剛好就在 X1 之前，以「有我者，則非有我，而凡
夫之人以為有我」[379]的寫法呈現出來。顯然，福德如佛的「轉輪
聖王」，在 Y1 的作用亦僅是充當凡夫的代表而已。所以也可以
說，X 與 Y 是承接上文而舉的例子或是擴充解釋。

　　接著看 Z2 這第三段對話的結句。這裏提到「於法不說斷滅

行眾及無為法中求我不可得，還於身、受、心中求亦不可得。如是一切法
中，若色、若非色，若可見、若不可見，若有對、若無對，若有漏、若無
漏，若有為、若無為，若遠、若近，若麁、若細，其中求我皆不可得；但
五眾和合故，強名為眾生，眾生即是我。我不可得故，亦無我所；我所不
可得故，一切諸煩惱皆為衰薄。」《大正藏》，第 25 冊，卷 31，頁 286 下。
[379] 什譯，頁 752 上。

相」，這個「斷滅相」主要有兩種：一種是「煩惱斷滅相」，以純粹自利的「安住涅槃」作爲「斷滅相」[380]，是二乘所證得；另一種是「空斷滅相」，以「安住空」不度眾生作爲「斷滅相」[381]，是大乘菩薩所墮處。這兩種「斷滅相」都建基於對「無我」已有所體悟並且依於對「斷滅相」的「邪見」，所謂撥無因果、愛著無我或空相等等[382]才衍生出來的。所以，體悟「無我」但不能愛著，還要善用因果以相應 D57 的「無我修一切善法」，這樣才叫「得阿耨多羅三藐三菩提」。這一道理，在什譯中剛好又在 Z2 之後，便馬上以「若復有人知一切法無我，得成於忍……以諸菩薩不受福德故……菩薩所作福德，不應貪著，是故說不受福德」[383]的方式呈現。所以也可以說，Z 的對話是有啓下的作用，主要

---

[380]　如〔劉宋〕求那跋陀羅法師譯《雜阿含經》：「色是無常、變易之法，厭、離欲、滅、寂、沒。如是色從本以來，一切無常、苦、變易法。如是知已，緣彼色生諸漏害、熾然、憂惱皆悉斷滅，斷滅已，無所著，無所著已，安樂住；安樂住已，得般涅槃。受、想、行、識亦復如是。」《大正藏》，第 2 冊，卷 2，頁 8 上。

[381]　如 龍樹菩薩造，〔後秦〕鳩摩羅什大師譯《大智度論》：「菩薩亦如是，有二道：一者、悲，二者、空。悲心憐愍眾生，誓願欲度；空心來則滅憐愍心……若但有空心，捨憐愍度眾生心，則墮斷滅中。」《大正藏》，第 25 冊，卷 79，頁 614 中。

[382]　如同上《大智度論》：「破果破因者，言無因無緣，無罪無福，則是破因；無今世、後世、罪福報，是則破果。觀空人言皆空，則罪福、因果皆無，與此何有何等異？答曰：邪見人於諸法斷滅令空；摩訶衍人知諸法真空，不破不壞。」卷 18，頁 193 下。又如《大智度論》：「若隨種種邪見說空，空則過多，人愛著空相，墮在斷滅。」卷 31，頁 285 中。

[383]　什譯，頁 752 上。

就是說明不可貪著佛法中無我與空相的境界；更不可邪解邪用因果法則，以爲有斷滅的可能，而不知「斷滅相」仍未離「凡所有相，皆是虛妄」的諦理。

現在回來看 Z1 這句話。必須注意什譯這句「莫作是念：如來不以具足相故，得阿耨多羅三藐三菩提」，是與他譯的意思正好相反的（除淨譯缺句外，餘譯是「莫作……以」的意思，而非「莫作……不以」（見 D61）！什譯這樣表達，就是認爲如來是能夠圓滿具足相才得菩提，這當然就是要破 Z2 撥無因果、愛著無我或空相的邪見。所以，綜合以上 Y 與 Z 兩段話，其實就是要彰顯一條「不生亦不滅，不常亦不斷」的中道正理[384]！如以文中的「三十二相」來發揮這個理的話，就是「三十二相」「不生、不常」，因此「不應以三十二相觀如來」，不著世間法，趣向出世間法；「三十二相」「不滅、不斷」，因此「莫作是念：如來不以具足相故，得阿耨多羅三藐三菩提」，不破壞世間法，不著出世間法。這正是全經「即非、是名」的活例，也是「非法、非非法」的深度體現，亦即是具大智慧菩薩所證無生法忍！[385]

---

[384] 龍樹菩薩造，〔後秦〕鳩摩羅什大師譯《中論》：「不生亦不滅，不常亦不斷。」《大正藏》，第 30 冊，卷 1，頁 1 中。

[385] 如同上《大智度論》：「菩薩若能知諸法實相，不生不滅，得無生法忍；從是以往，常住菩薩道。」《大正藏》，第 25 冊，卷 29，頁 275 上。又，天親菩薩造，金剛仙論師釋，〔元魏〕菩提流支大師譯《金剛仙論》：「菩薩證初地無生法忍阿耨三菩提心，乃至無上佛果阿耨三菩提心，非是斷滅，此無生忍三菩提心，所以名為不斷滅者。」《大正藏》，第 25 冊，卷 9，頁 865 上。

　　明白以上 Y 與 Z 兩組的意義，最後回頭深究 X 組的對話。其中主要要討論的是 X2，因為古往今來，須菩提都為這句回應吃了很多指責，譬如指他「兩重迷心」[386]、「執相是佛」[387]、「錯誤，故被佛陀責難」[388]，甚至認為那是「修行妄想」[389]。這都可能要怪責昭明太子的分段方法，致使解說經文時多依本子分開去說。至於筆者的淺見是，不宜單純地以為「如是，如是」就是「是的，是的」的意思[390]，事實在什譯中，「如是」出現過 41 次，當中全部都可以用「這樣的」或「這樣地」的意思去解釋。因此，

---

[386]　〔唐〕慧能大師述《金剛經解義》：「須菩提未知佛意，乃言如是。如是之言，早是迷心；更言以三十二相觀如來，又是一重迷心，離真轉遠。」《卍續藏》，第 25 冊，卷 2，頁 530 下。

[387]　〔明〕憨山大師著《金剛經決疑》卷 1：「此示應化非真，以顯法身離相也。空生已悟法身無我，報身非相，是為真佛。遂疑現見三十二相是何佛耶？是有佛見也！世尊詰之曰，果可以三十二相見如來乎。空生執以三十二相必定是佛，世尊以轉輪聖王破之，遂悟不可以三十二相觀如來。」《卍續藏》，第 25 冊，卷 1，頁 69 上。

[388]　印順法師著《般若經講記》：「要知道：上次佛約法身而問，法身不可以三十二相見，須菩提是知道的。這次佛約化身為問，化身佛一般都以為有三十二相的，所以須菩提也就說可以三十二相見如來。但這是錯誤的，佛陀立刻加以責難：假使可以三十二相見如來，轉輪王也有三十二相，那轉輪王不也就是如來嗎？須菩提當下就領會道：如我現在理解佛所說的意義，是不應該從三十二相見如來的。」2000 年 10 月，頁 128。正聞出版社，台北，台灣。

[389]　張宏實《圖解金剛經》：「佛陀與須菩提的對答越來越精采了，這些對答就是一個一個練習題，練習破除各種修行妄想，層層深入菩薩修行的細微處。」2008 年 3 月，頁 436。橡實文化，台灣，台北。

[390]　同上，張宏實《圖解金剛經》，頁 434。

須菩提的回應其實正正就是要表達：「這樣地，這樣地依中道正理，以三十二相審觀自證如來！」這是既不贊同亦不反對的最佳回應！因為贊同便落「生、常」凡夫見地，反對則落「斷、滅」邪見，皆不契中道實相！中道本來不可說，所以，除了對於佛「可……不？」的問話，以「如是，如是」回應之外，其他就是只沿用佛的原文「以三十二相觀如來」。結果，佛不但沒有以「不也」之類的否定詞去否定須菩提的答案，而且是馬上舉出 Y 組的話，以證成經中的「非法」義，繼而舉出 Z 組的話，以證成經中的「非非法」義，印可須菩提對中道實相的深切體悟和謙遜的行持！即是說，須菩提不是妄想，亦沒有錯誤，更沒有受到任何來自佛陀的責難；他只是如如地說出了最佳答案，並且得到佛陀的印證！

那麼，剩下的問題就是，他譯不同於什譯的表達，又是何意？若看 D59 和 D61，除了淨譯完全刪除 X2 與 Z1 這兩句外，他譯都是不但否定「可以具足相見如來」，亦同時否定「可以具足相得菩提」。採取雙重否定的描述，當然是因為這些譯本要顯出二無我的格局。但更有可能是因為要推崇更為重要的「真如法身」說（在下一小節關於「若以色見我」的偈頌時便會談到），所以這些將此兩段經文改動很多的譯本（見 D59 和 D61 的淺析），所談論的主題已不是什譯的審觀自證中道實相，而是重談破「所」邊的義理，故此採用前半部經文破「所」邊的一貫論點便可以。

只要見世親《論》說：「如來法身不應如是見聞；不應如是見聞者，不應如是見色聞聲。」[391]把原偈「若以色見我」的「見我、求我」，以「如來法身」去解說，而非「有（生）我、常我」去解說，便知這是破「所」邊的說明了。這在義理上是沒有錯誤的，但就失卻了承先啓後的深意，尤其是對「於法不說斷滅相」一句，這些譯本的兩句皆否定的寫法，實在很難與此接軌。這一點可證之於無著《論》，那是把 Z2「於法不說斷滅相」的一句分別開來解釋的。[392]世親《論》更拿了一個看似不太相干的凡夫疑問：「有人起如是心，菩薩摩訶薩得無生法忍，以得出世間智，失彼福德及以果報。」[393]以爲證得佛法便損失了福報，來解釋佛爲何要說「於法不說斷滅相」的原因。居後的淨譯明顯又是見到解釋的困難，便再次發揮缺句的處理，將 X2 和 Z1 兩句雙雙一筆勾銷！然而，這種依「眞如法身」和「能、所同論」而進行的解釋，仍是深深影響了古今學者對什譯的詮釋，致使須菩提受盡了千夫所指，中道實相更是難得於這一整段對話中得以揭示。

---

[391] 天親菩薩造，〔元魏〕菩提流支大師譯《金剛般若波羅蜜經論》，《大正藏》，第 25 冊，卷 3，頁 795 上。
[392] 參見　無著菩薩造，〔隋〕笈多大師譯《金剛般若波羅蜜經論》，《大正藏》，第 25 冊，卷 3，頁 779 上至中。
[393] 天親菩薩造，〔元魏〕菩提流支大師譯《金剛般若波羅蜜經論》：「有人起如是心，諸菩薩摩訶薩得無生法忍，以得出世間智，失彼福德及以果報。為遮此故，示現福德不失，而更得清淨殊勝功德，是故不失。如經：何以故？菩薩發阿耨多羅三藐三菩提心者，於法不說斷滅相故。」《大正藏》，第 25 冊，卷 3，頁 795 中。

五、四句與八句偈

D60 顯示了上一小節所談及的 Y3 偈頌:「若以色見我，以音聲求我，是人行邪道，不能見如來。」什譯這四句一偈，他餘譯均開為八句二偈。這是從支譯開始便有的，說明很早期便已是這樣。而且，現存梵本亦是如此。也因此，執意八句二偈才是「完整」的學者，便會得出羅什「漏譯」的結論。[394]

先來談談什譯偈，亦即餘譯二偈中的第一偈。其中「若以色見我，以音聲求我」的「見我、求我」，在上一小節已詳細解釋過，茲不再述。「若以色、以音聲」，狹義就是六塵，指從「所」邊的「色、聲」等事而希望求得一個實在的「我」。廣義則是塵、根、識，指從「六根、十二處、十八界」等有為法而希望求得一個實在的「我」。「是人行邪道」的「邪道」，與上一小節談到的撥無因果等不同，那是證到「無我」或「空」以後才生起的法理邪見。這裏的「邪道」，是直指「若以色見我，以音聲求我」本身就是「邪道」，因為「我」是凡夫顛倒的虛幻妄想，人看不清還要去希望求得一個「我」，當然便是「邪道」。「不能見如來」，這句即是前三句的總結，指無法自證是否成就了最高佛法的意思。這一整句「若以色見我，以音聲求我，是人行邪道，不能見如

---

[394] 張宏實《圖解金剛經》:「鳩摩羅什為何漏譯後四句我們並不清楚，但我們可以知道完整版本的……後四句則是告訴我們，如何才能見到佛陀。」2008 年 3 月，頁 440。橡實文化，台灣，台北。

來」，若與 D15（昭五）的「凡所有相，皆是虛妄。若見諸相非相，則見如來」去比較的話，正好成為「不生、不常」義理下的正、反兩面描述。

餘譯對這第一偈的改動嚴格來說只有一個，不過，此唯一改動的影響卻是關鍵。這個改動就是把偈末的「如來」改成代名詞「我」。這改動始於諦譯而非支譯（見 D60），文字是「不應得見我」，故可以說是漸進式的改動。這改動直接摧毀了前二句中「我」所代表的「有我」意思，而把改動後的三個「我」字，都解作是第二偈「由法應見佛」中「佛」的代名詞，亦即說出偈頌的「佛」的自稱！「如來」的意思深廣，並不一定指「佛」這個人物，「如來」更可指真理，譬如「朝真理去、由真理來」等意思。但改動後，第一偈便失去解讀成這個意思的可能，並強制了審觀自證的開示，變成必須是向他人的察看分析。這樣的解讀，與經意「無我等四相」的宗旨已有些距離。

至於後四句第二偈，八譯詳細可見 D60；但為方便解釋，現只舉支譯為例：「彼如來妙體，即法身諸佛，法體不可見，彼識不能知。」可見支譯中，仍有「如來」一語，這是銜接著第一偈的末句「不能見如來」。因此，「彼如來妙體，即法身諸佛」便有替「如來」下定義的作用。世親《論》說：「凡夫人不能見真如法身，如經：彼如來妙體，即法身諸佛。法體不可見，彼識不能

211

知故。」³⁹⁵可見「如來」的定義，便是指「真如法身」這個唯識家有別於空宗的思想。「真如」之前已有討論，是唯識家別異於「如」的實存體，是其他無為法所依的最高真實。至於「法身」，在《智論》中也有提到³⁹⁶，不過有點不同於第二偈的「法體不可見」，《智論》的是在條件充份時，譬如「無量劫罪垢厚重」所產生的「我見」轉薄弱時，應該是可見可聞的。《智論》的這個說明，明顯與第一偈沒有任何衝突（只要第一偈的「如來」不是「真如法身」的解釋），但就與第二偈銜接不通，因為第二偈已明文規定「法體不可見，彼識不能知」。這種「法身」不可以見聞覺知而知的見解，卻反而在彌勒論師的《瑜伽師地論》中見到！³⁹⁷

---

³⁹⁵ 天親菩薩造，〔元魏〕菩提流支大師譯《金剛般若波羅蜜經論》：「此示何義？如來法身不應如是見聞。不應如是見聞者，不應如是見色聞聲。以何等人不能見？謂凡夫不能見故。偈言：唯見色聞聲，是人不知佛故。如經：是人行邪道，不能見如來故。是人者，是凡夫人不能見真如法身。如經：彼如來妙體，即法身諸佛。法體不可見，彼識不能知故。」《大正藏》，第 25 冊，卷 3，頁 795 上。

³⁹⁶ 龍樹菩薩造，〔後秦〕鳩摩羅什大師譯《大智度論》：「眾生罪重故，諸佛菩薩雖來不見。又法身佛常放光明、常說法，而以罪故不見、不聞。譬如日出，盲者不見；雷霆振地，聾者不聞。如是法身常放光明、常說法，眾生有無量劫罪垢厚重不見、不聞。」《大正藏》，第 25 冊，卷 9，頁 126 中。

³⁹⁷ 《瑜伽師地論》：「若諸賢聖除斷調伏，超越欲貪得聖慧眼，彼由如是聖慧眼故，於內證解如來法身，雖於外見如來色身，或見制多，或圖畫等，而能了知，非第一義應正等覺。彼由如是於內正知，於外正觀，不隨他論，及他音聲，不信順他，非他所引，於佛法僧決定信受，如是皆由如實了知如來法身故。」《大正藏》，第 30 冊，卷 19，頁 382 下。

另外還可注意「彼識不能知」中的「識」字，如果說是來自唯識家阿賴耶識的見地，當也不爲過。故此，這第二偈絕對不是原來就有的偈頌，相信是在無著或彌勒論師時期，被唯識家所後加的。

　　無著《論》總括這二偈說：「初偈顯示如所不應見、不可見故。云何不可見？諸見世諦故……第二偈顯示如彼不應見及不應因緣……以彼法真如相故，非如言說而知，唯自證知故。」[398]這即是說，這二偈總合解釋了爲什麼「真如法身」不可見的理由，原因是在於見聞覺知屬世諦，而「真如法身」屬勝義諦，故世諦不能知。但從上一小節所解釋的，第一偈本就具備了「不能見如來」的理由，所謂「有我」，所以又何須第二偈去重覆說明？因此，第二偈的主要作用，還是爲了分別於空宗境界，以確立「真如」的超然、「法身」的高妙，而被補充進去的。可見所謂羅什漏譯的講法，實不正確。

---

[398] 無著菩薩造，〔隋〕笈多大師譯《金剛般若波羅蜜經論》卷 3：「初偈顯示如所不應見、不可見故。云何不可見？諸見世諦故。是人行邪靜者，定名為靜，以得禪者說名寂靜者故。又復禪名思惟修故，於中，思者，意所攝；修者，識所攝。言寂靜者，即說覺及識，此世諦所攝應知。彼不能見者，謂彼世諦行者。第二偈顯示如彼不應見及不應因緣，謂初分、次分。於中，偈言以法應見佛者，法者謂真如義也。此何因緣？偈言導師法為身故。以如為緣故，出生諸佛淨身，此不可見，但應見法，故彼不應見。復何因緣故不可見？以彼法真如相故，非如言說而知，唯自證知故。不如言說者，非見，實不能知故。為顯示此義故，偈言：法體不可見，彼識不能知故。」《大正藏》，第 25 冊，卷 3，頁 779 上。

第四節　度衆而無相的證入境界

　　若依什譯的架構去說，佛在 D64（昭二十八）說完菩薩不貪著福德後，可以說大乘菩薩發心的概論已全部介紹完。接下來的部份，是佛總結祂的自證境界作為證入的簡介，所謂如來境界下的動、靜；如來境界下的時、空；如來境界下的我、人等等，一切一切，皆如是地契於中道。最後，佛在結束前慈悲付囑，勉勵大乘修行者要以法施利益他人，同時長養資糧；更以一偈概括本經的無相觀法做為運心總綱。

一、不生、不取與不住

　　D68③（昭三十一）提及了什譯「不生法相」的描述，在他譯中，只有諦、C 二譯跟隨，其餘都用「不住」的意思來描述。另外，緊接的 D69①（昭三十二）亦提到什譯「不取於相」的說明，他譯則多以「即非，是名」的格式去表達「不取」。

　　什譯的「不生法相」呼應著 D20（昭六）「無我等四相、無法相、無非法相」的開示，所以經文說：「發阿耨多羅三藐三菩提心者，於一切法，應如是知，如是見，如是信解，不生法相。」因此，「不生」與「無（一切）相」是同一境界的兩種文字描述，這與「實無眾生得滅度」亦是同出一轍，是徹證「無生」的境界。必須注意的是，空宗的「不生」已同時說明了「不滅」，這是中

道的根本見解。[399]諦、C 二譯似乎認同這一見解，因此沿用「不生」的意思。

　　餘五譯的用詞則不一樣，意義上是改爲「不住」，如奘譯的「不住法想」。大抵，是因爲這些譯本對「不生」的見解不同所致。譬如《瑜伽師地論》認爲，要達到「不生」，所謂「無生法」，是要「無明、愛」滅的。[400]但「不住」的境界要比這個要求低一些，那是對「已生」的相採取對治性的處理，例如註腳引文中提及的視之如「變吐」（嘔吐物般污穢），於愛樂境起「不住」於愛、於憂苦境起「不住」於恚等等。因爲此階段「隨眠未永斷」，即是「無明、愛」未滅，所以是「有學見迹」，即仍在學習的菩薩見道後都可用的方法。[401]故此，這五譯相信是認爲「不生」的門檻太高，不合「諸有發趣菩薩乘者」所用，所以便改用詞爲「不

---

[399] 龍樹菩薩造，〔後秦〕鳩摩羅什大師譯《中論》：「生相決定不可得故不生；不滅者，若無生何得有滅？以無生無滅故。」《大正藏》，第 30 冊，卷 1，頁 1 下。

[400] 《瑜伽師地論》：「於現法中，無明滅，故無明觸滅；無明觸滅，故無明觸所生受滅；無明觸所生受滅，故愛滅；愛滅，故如前得無生法。」《大正藏》，第 30 冊，卷 9，頁 322 上。

[401] 《瑜伽師地論》：「佛聖弟子，有學見迹，於隨順喜眼所識色，不住於愛；於隨順憂眼所識色，不住於恚；於隨順捨眼所識色，數數思擇安住於捨。彼設已生，或欲貪纏，或瞋恚纏，或愚癡纏三身爲緣，所謂喜身、憂身、捨身，而不堅著，乃至變吐。由是因緣，於屬三身諸煩惱纏，得不現行，輕安而住，如是名爲得身輕安，而未能得心善解脫，由彼隨眠未永斷故。彼於後時，又能永斷屬彼隨眠，即於屬彼諸煩惱中，遠離隨縛。」《大正藏》，第 30 冊，卷 17，頁 373 上。

住」。什、諦、C 三譯則著重強調目標做為指引，所以以「不生」為導。但就事實而論，行文已說到「應如是知，如是見，如是信解」的中道境界，相信原始用詞是「不生」的機會較高。

再來談談什譯的「不取於相」，這「不取」顯然是「無明、愛」未滅的在學菩薩境界，因為還有「取」與「不取」的取捨。依十二因緣，有「愛」才有「取」，有「無明」才有「愛」。因此，這個「不取於相」應是為了達到前面的目標，所謂「不生法相」的心法要領！什譯中，佛一前一後的說出了目標與心法要領，可說是貫徹了本經先開示目標，再解釋悟入的心法要領的風範！他譯多採取「即非，是名」的表達，可能是因為前面已用了「不住」這個偏於心法要領的說明吧！所以這裏便轉而闡述義理意味較濃厚的行文了。

二、一切有為法

運心技巧如何？才能對一切法「不取於相」，就是這最後偈頌所要帶出的內容。然而，這偈頌又再出現了什譯與其餘七譯的分歧，致使某些學者認為羅什做出了修減。D70 提到彼此的差異有兩點：一者，譬喻的種類上，什譯比餘譯少了四種：「星（諦譯是暗）、翳、燈、雲」；不過，餘譯亦比什譯少了一種：「影」。二者，若只看彼此共同的五種，什譯的順序是：「夢、幻、泡、露、電」；餘七譯則是：「幻、露、泡、夢、電」。

　　現先從種類上分析。依無著《論》的定義，「星、翳、燈」三項是要結合起來解釋的，所謂「自性相者，共『相、見、識』，此『相』如『星』，應如是見。何以故？無智闇中有彼光故，有智明中無彼光故。人、法我『見』如『翳』，應如是見。何以故？以取無義故。『識』如『燈』，應如是見。何以故？渴愛潤取緣故，熾然於中著。」[402]相信即使筆者不做任何解釋，單單看「相、見、識」的名目，學者們都不會反對，這是唯識家的思想無疑。這個「相、見、識」的義理原出自無著的《攝大乘論》，是成立「唯有識量，外塵無所有」的「唯識無境」思想的主要依據。[403]另外，若按無著的解釋，「星」是缺乏智慧時所見的「相分」，「翳」是缺乏智慧時能見的「見分」，「燈」是未淨化的「阿賴耶識」。暫不說未淨化的「燈」產生「翳」，而有「翳」卻看見「星」這一關係是否合理；但先說如果這是《金剛經》原始偈頌的內容，那就必須以般若思想進行測試，若能夠合理地解讀，自然也可相信這內容是本來已具備的了。

---

[402] 無著菩薩造，〔隋〕笈多大師譯《金剛般若波羅蜜經論》，《大正藏》，第 25 冊，卷 3，頁 780 下。

[403] 無著菩薩造，〔陳〕真諦大師譯《攝大乘論》：「云何正辨如此等識令成唯識義？若略說有三相：諸識則成唯識，唯有識量，外塵無所有，故唯有二：謂『相』及『見』，『識』所攝故，由種種生相所攝故。此義云何？此一切識無塵故，成唯識有相有見，眼等諸識以色等為相故，眼等諸識以諸識為見故，意識以一切眼識，乃至法識為相故，意識以意識為見故。云何如此？意識能分別故，似一切識塵分生故。」《大正藏》，第 31 冊，卷 1，頁 119 上。

　　然而，依般若思想，「無智闇中」是連「星」也見不到的，如本經說：「如人入闇，則無所見。」[404]可見如真要以「星」做這樣的譬喻，已與經文不合。再講，在《大品》中，「星」只曾用來譬喻菩薩在無佛住世時的慈悲善行[405]，明亮度雖不如佛，不過還是佛所讚嘆的；卻從未見過用「星」來譬喻妄想執著。在《智論》中，「翳」卻是用來譬喻「不淨」，不過這個「垢翳不淨」的結果，則是與《金剛經》一致的「則無所見」。[406]而且，須注意「垢翳不淨」是基於心的無性。故此，心是可淨可垢而說的。這與唯識家實有真如，本性如虛空的清淨[407]，是完全不同。「燈」

---

[404] 什譯，頁 750 下。

[405]〔後秦〕鳩摩羅什大師譯《摩訶般若波羅蜜經》：「菩薩摩訶薩因緣故，十善出於世間。四禪、四無量心乃至一切種智，須陀洹乃至諸佛出於世間。譬如月滿照明，星宿亦能照明。如是，憍尸迦！一切世間善法、正法、十善乃至一切種智，若諸佛不出時，皆從菩薩生。」《大正藏》，第 8 冊，卷 9，頁 286 下。

[406]《大智度論》：「若有十方無量諸佛及諸菩薩，今此眾生多墮三惡道中，何以不來？答曰：眾生罪重故，諸佛菩薩雖來不見。又法身佛常放光明、常說法，而以罪故不見、不聞。譬如日出，盲者不見；雷霆振地，聾者不聞。如是法身常放光明、常說法，眾生有無量劫罪垢厚重不見、不聞。如明鏡淨水，照面則見；垢翳不淨，則無所見。如是眾生心清淨則見佛；若心不淨則不見佛。今雖實有十方佛及諸菩薩來度眾生，而不得見。」《大正藏》，第 25 冊，卷 9，頁 126 中。

[407] 例如《瑜伽師地論》：「云何為涅槃？謂法界清淨，煩惱眾苦永寂靜義，非滅無義。問：若唯煩惱眾苦永寂名為涅槃，何因緣故非滅無義？答：……如虛空唯雲霧等，翳障寂靜得清淨性，非彼無時，其清淨性亦無所有。」《大正藏》，第 30 冊，卷 73，頁 701 中。

譬喻爲智慧，是《智論》所常見[408]，若譬喻爲未淨化的「識」，則從未在般若思想中見過，但卻可在唯識論典中發現。[409]

接下來討論什譯所沒有的「雲」。無著《論》對它的定義是：「未來者，彼麁惡種子，似虛空引心出，故如雲。」[410]這是說阿賴耶識中雜染種子在未來位時，本如虛空無色無相，但由未來位踏入現在位，卻會產生如雲的相狀。換言之，虛空若保持虛空，不產生雲，那種子就應該是清淨的了。在《瑜伽師地論》剛巧便有類似的描述[411]。而且，這是唯識家比較關注的三世「心流注」問題。但如按般若思想，大概只會解讀爲：「是身如浮雲，須臾變滅。」[412]這些我們都在 D51 及本章的第三節中已討論過。

---

[408] 例如《大智度論》：「此常樂涅槃從實智慧生，實智慧從一心禪定生。譬如然燈，燈雖能照，在大風中不能爲用；若置之密宇，其用乃全。散心中智慧亦如是，若無禪定靜室，雖有智慧，其用不全。」《大正藏》，第 25 冊，卷 17，頁 180 下。

[409] 例如《瑜伽師地論》：「譬如燈焰生時，內執膏炷，外發光明。如是阿賴耶識，緣內執受，緣外器相生起，道理應知亦爾。」《大正藏》，第 30 冊，卷 51，頁 580 上。

[410] 無著菩薩造，〔隋〕笈多大師譯《金剛般若波羅蜜經論》，《大正藏》，第 25 冊，卷 3，頁 781 上。

[411] 《瑜伽師地論》：「問：於無餘依涅槃界中，般涅槃已所得轉依，當言是有？當言非有？答：當言是有。問：當言何相？答：無戲論相，又善清淨法界爲相。問：何因緣故當言是有？答：於有餘依及無餘依涅槃界中，此轉依性皆無動法。無動法故，先有後無，不應道理；又此法性非眾緣生，無生無滅，然譬如水澄清之性，譬如真金調柔之性，譬如虛空離雲霧性，是故轉依當言是有。」《大正藏》，第 30 冊，卷 80，頁 748 中。

[412] 〔後秦〕鳩摩羅什大師譯《維摩詰所說經》，《大正藏》，第 14 冊，卷 1，頁 539 中。

　　至於什譯獨有的「影」，如用《維摩詰所說經》的說法就是：「是身如影，從業緣現。」[413]直說有爲法是因緣所生，沒有實性。但之前已引用過的《成唯識論》，說明唯識家認爲因緣所生的依他起中，有圓成實的眞實部份。[414]因此，「影」在唯識家的立場下，是不太適合用作觀依他起的譬喻。

　　再來以順序的角度討論。筆者的問題是，假設什譯眞是刪減了偈頌的幾項譬喻，那請問又有什麼理由，什師要連譬喻的順序都變更呢？「一切有爲法，如幻露泡夢，如影亦如電，應作如是觀」，會有不雅之處嗎？反之，假如什譯的順序正確，而套用到他譯上面，則會變成「星、翳、燈、夢、幻、泡、露、電、雲」。無著《論》對原本最後的「夢、電、雲」是用相續的「過去、現在、未來」去解釋[415]；若改成什譯的順序「露、電、雲」，那勢

---

[413] 同上，《維摩詰所說經》，卷1，頁539中。

[414] 〔唐〕護法等菩薩造，玄奘譯《成唯識論》：「十地中無分別智，數修此故，捨二麁重。二障種子立麁重名，性無堪任違細輕故，令彼永滅故說爲捨。此能捨彼二麁重故，便能證得廣大轉依。依，謂所依，即依他起與染淨法爲所依故。染，謂虛妄遍計所執。淨，謂眞實圓成實性。轉，謂二分：轉捨、轉得。由數修習無分別智，斷本識中二障麁重故，能轉捨依他起上遍計所執，及能轉得依他起中圓成實性。由轉煩惱得大涅槃，轉所知障證無上覺，成立唯識意，爲有情證得如斯二轉依果。」《大正藏》，第31冊，卷9，頁50下。

[415] 無著菩薩造，〔隋〕笈多大師譯《金剛般若波羅蜜經論》：「過去等行，以夢等譬喻顯示。彼過去行，以所念處，故如夢；現在者，不久時住，故如電；未來者，彼麁惡種子似虛空引心出，故如雲。如是知三世行……」，《大正藏》，第25冊，卷3，頁781上。

必搞亂了無著的解釋。由此可知，改動順序的，必然是遷就自己解釋的一方，而不是任何次序都可適應另一方。

　　從以上有關的說明可見，從種類看，「星、翳、燈、雲」都是唯識家見解下的譬喻。用於般若思想則較難解通。相反，合乎般若觀點的「影」，在唯識思想下則難站穩陣腳。結果因緣和合，便只能有取有捨。然而，若加上順序的因素，什譯根本無改動順序的理由，但餘七譯卻有此需要。所以，綜合兩者，相信是唯識家改動這偈頌的機會較大，而改動的時間相信是在彌勒論師至無著期間便已完成的。

第五節　能斷與瑜伽行派

　　明白以上種種差異的背景，最後讓我們回到最初並討論經題的「能斷」二字。D01 顯示了增加「能斷」二字是始於笈譯。不過，據《開元釋教錄》，唐代只承認五譯，而笈譯當時並不列入其中[416]，而是要到宋代才被列入別譯的行列。[417]

---

[416]〔唐〕智昇編《開元釋教錄》：「金剛般若波羅蜜經一卷(舍衛國)，後秦三藏鳩摩羅什譯(第一譯)。金剛般若波羅蜜經一卷(婆伽婆)，元魏天竺三藏菩提留支譯(第二譯)。金剛般若波羅蜜經一卷(祇樹林)，陳天竺三藏真諦譯(第三譯)。能斷金剛般若波羅蜜多經一卷(室羅筏)，大唐三藏玄奘譯出內典錄 (第四譯)。能斷金剛般若波羅蜜多經一卷(名稱城)，大唐天后代三藏義淨譯(新編入錄第五譯)。右五經同本異譯。其第四本能斷般若，貞觀二十二年沙門玄奘從駕於玉華宮弘法臺譯。後至顯慶五年，於玉華寺翻大般若，即當第九能斷金剛分，全本編入更不重翻。」《大正藏》，第 55

　　又根據窺基的記載，玄奘隨駕於玉華宮翻譯《金剛經》時，唐皇命人將「積代梵本文」交給玄奘研究。玄奘得到「龜資、梵文，即羅什譯、同崑崙之本、與真諦翻等。然經文舛異，隨文乃知真謬」，可見玄奘看到的什譯底本是龜資（茲）文，支、諦二譯則看來是梵文，底本本身內容亦有差異。而且，似乎他只有這三份底本，卻沒有笈譯的底本。結果，玄奘「題名不同，三藏獨名能斷，即先所譯；無著論本亦名能斷。」[418]這即是說，玄奘手上的什、支、諦三譯的底本，都沒有「能斷」二字；唯獨笈多所譯的無著《論》，與玄奘從印度取回來的梵本，可能是當時最新的，有「能斷」二字。

　　若把無著、世親、金剛仙等《論》對比的話，的確只有笈多所譯的無著《論》提到：「七、立名，名金剛能斷者......能斷者，般若波羅蜜中，聞、思、修所斷，如金剛斷處而斷故，是名金剛能斷。」[419]比這個更早而被流支譯出的世親《論》與《金剛仙論》，

冊，卷 11，頁 583 下。

[417]〔唐〕智昇所編《開元釋教錄》：「此前行宋、元、明三本俱有金剛能斷般若波羅蜜多經一卷，隋大業年中三藏笈多譯，第四譯，二十六字，其中笈明本作汲。」《大正藏》，第 55 冊，卷 11，頁 583 註腳。

[418]〔唐〕窺基大師著《金剛般若經贊述》：「當爾積代梵本文竝付三藏，藏討諸本，龜資、梵文，即羅什譯、同崑崙之本、與真諦翻等。然經文舛異，隨文乃知真謬。題名不同，三藏獨名能斷，即先所譯，無著論本亦名能斷。」《大正藏》，第 33 冊，卷 1，頁 125 中。

[419] 無著菩薩造，〔隋〕笈多大師譯《金剛般若波羅蜜經論》，《大正藏》，第 25 冊，卷 1，頁 767 中。

雖然兩位造論者應比起無著是較爲晚出的人物，卻反而沒有提及
經題的「能斷」二字。而且，《金剛仙論》具說「彌勒世尊，愍
此閻浮提人，作金剛般若經義釋，并地持論，齎付無障礙比丘，
令其流通。然彌勒世尊，但作長行釋，論主天親既從無障礙比丘
邊學得，復尋此經論之意，更作偈論，廣興疑問，以釋此經。凡
有八十偈，及作長行論釋。」[420]說明此《金剛仙論》是彌勒、無
著、世親、金剛仙一脈相承。但奇怪就是此《論》所用的是世親
《論》的偈頌[421]，而非無著《論》的偈頌；而且內文解說亦不是
無著《論》的「七義句」。即是說，無著《論》僅是獨傳自笈多
的作品，而不爲世親與金剛仙所使用。

　　還有一本是本文一直未引用過，但《開元釋教錄》承認它是
梵文翻譯[422]的唐譯《金剛般若波羅蜜經破取著不壞假名論》[423]，
當中同樣沒有提及經題的「能斷」二字。由此可見，從來所謂「能
斷」二字，皆始出自笈多與玄奘的譯本，包括無著《論》。在此
之前，實無任何證據證明什、支、諦三譯的底本出現過「能斷」

[420] 天親菩薩造，金剛仙論師釋，〔元魏〕菩提流支大師譯《金剛仙論》，《大
正藏》，第 25 冊，卷 10，頁 874 下。
[421] 同上，《金剛仙論》：「解此法門句義次第……」，《大正藏》，第 25 冊，
卷 1，頁 799 下。這是出自世親《論》的「法門句義及次第」的偈頌。
[422] 〔唐〕智昇編《開元釋教錄》：「《金剛般若波羅蜜經破取著不壞假名論》
二卷(功德施菩薩造，亦云《功德施論》。見大周錄，永淳二年九月十五日，
於西太原寺，歸寧院譯)。」《大正藏》，第 55 冊，卷 9，頁 564 上。
[423] 功德施菩薩造，〔唐〕地婆訶羅法師譯《金剛般若波羅蜜經破取著不壞
假名論》，《大正藏》，第 25 冊，頁 887 上。

二字。所以，應可相信印度本土開始加進「能斷」於經題中的時間，當在眞諦與笈多來華之間，即西元 546 年至 590 年之間，這亦即瑜伽行派的顛峰時期。原因難說，或許是當時有別於世親《論》的無著《論》已然出現，所以便有人將當中的觀點增補入經題之中。這種情況，在上面的討論中已發生過不止一次。

但正如在 D01 的淺析中所說，常言謂「能所雙亡」；若「所斷」不續存而「能斷」被強調近乎恆存，恐怕中觀家會不太同意（事實上，玄奘譯的《大般若經》〈第八會〉亦認爲「能斷、所斷俱不可得」的[424]），也許唯有「能斷」是意味著自在無盡的唯識四智方可。此四智源於實有不滅的阿賴耶識所轉成的清淨識，所謂大圓鏡智。而它所相應的，更是唯識家的眞如。故絕對可以相信，「能斷」與唯識家是有不可或斷的關係。

---

[424]〔唐〕玄奘大師譯《大般若波羅蜜多經》：「飢渴尚無，何有能斷？譬如幻士作如是言：我今欲求陽焰中水斷除飢渴。汝今亦然。所以者何？以一切法皆如陽焰，一切有情皆如幻士，云何欲住斷除飢渴？虛妄分別所作法中，能斷、所斷俱不可得，既無飢渴，除斷者誰？諸法本來自性充足都無飢渴，何所除斷？愚夫於此不如實知，謂我飢渴欲求除斷；諸有智者能如實知飢渴本無，不求除斷，既能了達諸法性空，不復輪迴生死諸趣，遠離戲論無所分別，於一切法住無所住，無依、無染，無入、無出，畢竟解脫，分別永無。」《大正藏》，第 7 冊，卷 576，頁 997 下。

第伍章　義理以外的翻譯對比問題

八譯的文本差異和其原因，已在第貳、叁章簡略分析過。差異中的重要思想是如何改變的，在第肆章亦已深入地詳述。故此，涉及義理所造成的問題，都已討論過。不過，還有一些義理以外但與翻譯對比有關的問題，可能會影響結論的，以下當做討論。

第一節　羅什與流支的翻譯風格

自鳩摩羅什來華大興翻譯事業以來，學者對他的譯作可謂既愛且恨。既愛者，當然是指他的譯文又流暢又優雅，用詞都是中國人普遍能夠讀得懂的；且恨者，就是古今梵本很多關鍵處，都與羅什的譯文不盡一致，譬如真諦便認爲什譯是「尋此舊經甚有脫悮」[425]，故此才重新依世親《論》的引文而翻譯此經。這導致僧叡的一句「裁而略之」[426]常常被人利用，做爲肯定羅什確是隨意「自由剪裁」[427]的理由。至於菩提流支的翻譯，因爲在某些關鍵處譯文都與什譯的相近甚至一致，故此亦以「尊古之情表露無

---

[425] 諦譯：頁 766 下。
[426] 龍樹菩薩造，〔後秦〕鳩摩羅什譯，僧叡法師序《大智度論》，《大正藏》，第 25 冊，卷 1，頁 57 中。
[427] 蕭玫〈「應無所住而生其心」——從梵文原義到禪學新詮〉，《正觀雜誌》，第 68 期，頁 5。

遺」[428]而被歸屬爲「失眞」的一類。結果,六漢譯中的前二譯,就這樣被某些學者判處了極刑。本節就是要研究二師的翻譯風格是否眞的如此「自由剪裁」和「尊古」?罪名是否恰當?

　　先來研究羅什的翻譯風格。我們在第肆章第二節之二有關「無爲法」的討論裏,已引用過羅什翻譯的《大品》和玄奘翻譯的異譯《大般若經》〈第二會〉的經文作對比。發現除玄奘的譯文增加了唯識家的義理內涵外,其餘可謂與羅什的譯文沒甚麼大差別。現在再引兩人的另一譯著看看情況如何。什譯《維摩詰所說經》有一段這樣的經文:

> 是身如聚沫,不可撮摩;是身如泡,不得久立;是身如
> 炎,從渴愛生;是身如芭蕉,中無有堅;是身如幻,從
> 顚倒起;是身如夢,爲虛妄見;是身如影,從業緣現;
> 是身如響,屬諸因緣;是身如浮雲,須臾變滅;是身如
> 電,念念不住……[429]

玄奘同本異譯的《說無垢稱經》的同一段文字則是:

---

[428] 蕭玫〈「應無所住而生其心」——從梵文原義到禪學新詮〉:「在什譯問世之後的百年來,流佈廣遠的『應如是生淸淨心』、『應無所住而生其心』很可能已成爲敎眾琅琅上口的名句,流支順古而不加改易,其用意也就不難理解。儘管流支可能認爲羅什將『無住心/apratiṣṭhitaṃ cittam』譯爲『淸淨心』有失精準,然而流支仍保留什譯的『淸淨』兩字,而以『無所住』補充之,成『應如是生淸淨心而無所住』,其尊古之情表露無遺。」《正觀雜誌》,第 68 期,頁 21。
[429] 〔後秦〕鳩摩羅什大師譯《維摩詰所說經》,《大正藏》,第 14 冊,卷 1,頁 539 中。

是身如聚沫，不可撮摩；是身如浮泡，不得久立；是身
如陽焰，從諸煩惱渴愛所生；是身如芭蕉，都無有實；
是身如幻，從顛倒起；是身如夢，為虛妄見；是身如影，
從業緣現；是身如響，屬諸因緣；是身如雲，須臾變滅；
是身如電，念念不住……[430]

　　無論內容與順序都完全一致的十項譬喻：「聚沫、泡、炎、
芭蕉、幻、夢、影、響、浮雲、電」，與《金剛經》的最後一偈
的內容很相近。《金剛經》什譯的六喻，這裏都齊全；但餘七譯
的九喻，「星、翳、燈」此處就沒有了。這裏更要說明的是，羅
什與玄奘的譯文內容毫無分別，莫非玄奘又是「尊古之情表露無
遺」了？相信學者們就未必會對所謂「直譯」的奘譯提出這種懷
疑。這兩段經文，十足證明羅什是手上的原文怎樣寫，他便怎樣
翻譯，絕無「自由剪裁」的成份。僧叡所謂的「裁而略之」，純
粹是指冗長重覆如《智論》的「論之略本有十萬偈，偈有三十二
字，并三百二十萬言，梵夏既乖，又有煩簡之異，三分除二，得
此百卷。」[431]對於重要的關鍵詞句，尤其是對修行重要部份的開
示說明，顯然什師仍是十分謹慎處理的。

　　至於菩提流支，從本文第貳、叁章的文本對比其實已可看見，

---

[430] 〔唐〕玄奘大師譯《說無垢稱經》，《大正藏》，第 14 冊，卷 1，頁 561
上。
[431] 龍樹菩薩造，〔後秦〕鳩摩羅什大師譯《大智度論》，《大正藏》，第 25
冊，卷 1，頁 57 中。

支譯的用詞其實也有很多與什譯的不一樣。現再試舉一則什譯
《妙法蓮華經》的有關經文看看：

> 佛所成就第一希有難解之法，唯佛與佛乃能究盡諸法實
> 相，所謂諸法如是相，如是性，如是體，如是力，如是
> 作，如是因，如是緣，如是果，如是報，如是本末究竟
> 等。[432]

流支曾與曇林等人共同翻譯世親菩薩所造《妙法蓮華經憂波
提舍》，但對上面一段話的翻譯卻完全變了樣：

> 舍利弗，佛所成就第一希有難解之法，舍利弗，唯佛與
> 佛說法，諸佛如來能知彼法究竟實相。舍利弗，唯佛如
> 來知一切法；舍利弗，唯佛如來能說一切法，何等法？
> 云何法？何似法？何相法？何體法？何等？云何？何似
> ？何相？何體？如是等一切法，如來現見，非不現見。[433]

從二譯比較可知，「十如是」變成九個完全不一樣的問題。顯然
流支也是依手上的原文怎樣寫，他便怎樣翻譯，絕無「尊古之情」
的成份。

從這些例子可見，若無進行過整體性的對比研究，便對某一
小段經文採取以偏蓋全的批判與立論，是甚為不可靠和危險的。

---

[432] 〔後秦〕鳩摩羅什譯《妙法蓮華經》，《大正藏》，第 9 冊，卷 1，頁 5
下。
[433] 婆藪槃豆菩薩釋，〔元魏〕菩提留支大師共曇林等譯《妙法蓮華經憂波
提舍》，《大正藏》，第 26 冊，卷 1，頁 4 下。

228

事實上，古譯經家都是以協助修行的心態，來埋首於翻譯工作，他們對人類的貢獻，實不宜因爲我們草率無基的見解而受到粗暴的玷汙！

第二節　直譯與意譯

笈多與玄奘的兩部譯本，均被稱爲「直譯」，意思就是它們都把梵文一字不漏的翻譯出來。從句子的結構看，二人譯本的分別就是，笈譯是按梵文句子內字詞的排列順序，完全沒有變動地顯示成漢文，因此一般而言是無法讀得懂的。但奘譯不同，奘師已將梵文字詞按漢文句子的文法次序來排列，所以較爲易懂。

然而，梵文字詞之間要表達關係與時間等狀態，原是以位格變化的方式處理。但漢語卻不同，字詞本身並無位格變化，要表達關係與時間等狀態，都是利用副詞、形容詞、名詞等等去說明。因此，堅持直譯梵字而不加進原文沒有的字，在翻譯成中文時可謂根本不可能做得到，即使勉強去做，意思都未必完整，讀起來亦多會艱澀難懂。這一點，只要看一看笈多與玄奘這兩部直譯便會知道。

羅什的翻譯風格，被形容爲「意譯」，並且常被學者，尤其是事事講求精準的現代學者所批評。他們普遍認爲，羅什是先把原文消化後，再以華文的表達方式撰寫，所以譯文便自然地摻進了大量羅什自己的個人解讀。這個推論的前提，恐怕要先證明什

師確是有意圖把自己個人的解讀摻進經文！但持平地說，對於一個在戰亂中被擄到中原的修行者，他有何動機要這樣做？再說逍遙園譯場集「五百餘人……禁禦息警於林間……考正名於梵本。」[434]可以想像，只要其中有一人發現什師依個人解讀，亂譯經文的話，搞不好馬上便會人頭落地，試問誰會冒這個險？

因此什師的所謂「意譯」，相信意思應是以能讓中國的修行者普遍讀得懂的漢文表達，這是翻譯的首要原則。佛經本來就是爲修行而譯的文字，而非爲滿足文本對比的需要而存在，故其價值當以對修行者的功用來衡量，這實非純粹的文本對比所能抹煞。所以，深入義理對比更是任何有關研究所必須的。

第三節　經本序幕與大乘初興

學術界對大乘佛教在印度興起的時間，雖然主流認爲是在西元前一世紀左右，但實未有一定的共識。對《金剛經》集成的時代定位就更不肯定。原因在於它的第一次翻譯較其他《般若經》晚，即五世紀初的什譯，所以導致學術界意見不一。Conze 等西方學者依考古發現的殘片，認爲《小品》才是最早出現的《般若

---

[434] 龍樹菩薩造，〔後秦〕鳩摩羅什大師譯《大智度論》：「集京師義業沙門，命公卿賞契之士五百餘人，集於渭濱逍遙園堂。鑾輿佇駕於洪涘，禁禦息警於林間。躬覽玄章，考正名於梵本；諮通津要，坦夷路於來踐。」《大正藏》，第 25 冊，卷 1，頁 57 中。

經》。[435]但亞洲學者如呂澂等，卻依內容行文認為《金剛經》才是《般若經》中最早出現的經本。[436]然而，印順並不同意。他在《初期大乘佛教之起源與開展》中依日本學者椎尾辨匡、鈴木忠宗、梶芳光運等人的見解，認為大乘經的發展，是「從『原始般若』而『道行般若』──『下品』（約漢譯《小品》）；從『道行般若』而『放光般若』──『中品』（約漢譯《大品》）；更從『放光般若』而發展為『初會』般若──『上品』（約漢譯《大般若經》〈第一會〉）。這一『般若經』的發展過程，我完全同意這一明確的論定。」[437]而且，「『金剛般若』的成立，最早也是『中品般若』集成的時代。」[438]印順這裏所說的《中品》，指的約是漢傳羅什譯的《大品》，亦即玄奘譯《大般若經》的第二會。不過，近來西方學者中又有如 Schopen，在對比過《金剛經》與《小品》後，認為《金剛經》乃更早的經本。[439]

　　印順雖然認為《金剛經》不會早過羅什譯的《大品》出現，

---

[435] Guang Xing, *The Concept of the Buddha: Its Evolution from Early Buddhism to the Trikaya Theory*. 2004, p. 66, Routledge Curzon, London, U.K.

[436] 呂澂《印度佛教思想概論(上)》，1998 年，頁 142，天華出版事業股份有限公司，台北，台灣。

[437] 印順法師《初期大乘佛教之起源與開展》，頁 625 至 626，1994 年 7 月，正聞出版社，台北，台灣。

[438] 同上《初期大乘佛教之起源與開展》，頁 755。

[439] Schopen, Gregory, "Figments and Fragments of Mahāyāna Buddhism in India", *University of Hawaii Press*, 2005, p. 31-32, , University of Hawaii, Hawaii, U.S.A.

但在其書中卻似乎另有見解，認為《金剛經》有三點是「足以代表早期的⋯⋯一、以佛的入城、乞食、飯食、敷座而坐為序起，與『下品般若』（指《小品》）⋯⋯一樣，充分表示了佛在人間的平常生活。二、⋯⋯著重在『無相』⋯⋯而沒有說『空』，可說保持了『原始般若』的古風。三、⋯⋯菩薩行，著重在『無我』⋯⋯保持了『原始般若』的特色。」[440]第二和第三點有關「無相」與「無我」的義理，本文已詳論過，茲不再述。但第一點的「佛的入城、乞食、飯食、敷座而坐」卻很有意思，值得拿來討論一下。查「般若系」的經典中（以譯者、譯時可追溯者計），原來只有《金剛經》是以此為序幕的。即使擴大範圍至檢視所有大乘經典，亦只能發現寥寥幾個例子，如吳支謙譯的《撰集百緣經》[441]、馬鳴菩薩造、羅什譯的《大莊嚴論經》[442]等等幾部有這樣的開場序幕。《撰集百緣經》的翻譯者支謙是在西元三世紀中前期的人；馬鳴菩薩更早，是西元一世紀中期的人，可見這樣的序幕，必定

---

[440] 同上《初期大乘佛教之起源與開展》，頁 753 至 754。

[441] 如〔吳〕支謙譯《撰集百緣經》：「佛在毘舍離，彌猴河岸重閣講堂。爾時世尊著衣持鉢，將諸比丘入城乞食。」《大正藏》，第 4 冊，卷 1，頁 203 下。

[442] 馬鳴菩薩菩薩造，〔後秦〕鳩摩羅什大師譯《大莊嚴論經》：「我昔曾聞，如來無上良厚福田，行來進止常為福利，非如世間所有田也。欲示行福田異於世間田，行福田者往至檀越下種人所，入舍衛城分衛，乃至為菩薩時入王舍城乞食，城中老少男女大小，見其容儀心皆愛敬，餘如佛本行中說。昔佛在時眾生厭惡，善根種子極易生芽，佛所應化為度人故入城乞食。」《大正藏》，第 4 冊，卷 7，頁 293 下。

有它屬於大乘早期的淵源。這個淵源，若再看看聲聞的《阿含》便會發現，類似的序幕卻出現很多，其中更有一些是佛明言乞食回來便會開示的[443]，這與《金剛經》乞食後開示非常相近。可想而知，佛在世時僧團的日常時間表就是乞食、用饍、然後聽法師開示的次序。《金剛經》的序幕與它們的描述完全一致，故可相信本經實是聲聞至大乘初興時，便已被集成起來的。從這個特點看來，《金剛經》甚有可能要比沒有這種描述的八千頌《小品》出現得更早。

　　另一個與序幕有關的《金剛經》特點是同聞眾的描述，在D02 已說過，八譯除了淨、M、C 三譯以外，餘譯皆說同聞眾只有「千二百五十人」，而且最特別之處，是完全沒有提及大乘的主角——菩薩。這種描述在聲聞的《阿含》非常普遍，但在大乘卻是罕有！翻查元魏以前翻譯的漢譯經典中，留存下來又具有這種獨特描述的只有十幾部，它們是《修行本起經》[444]、《阿閦佛國經》[445]、《私呵昧經》[446]、《佛說三品弟子經》[447]、《佛說申日

[443] 例如〔劉宋〕求那跋陀羅法師譯《雜阿含經》卷 12：「佛告迦葉：今非論時，我今入城乞食，來還則是其時，當為汝說。」《大正藏》，第 2 冊，卷 12，頁 86 上。

[444]〔後漢〕竺大力法師共康孟詳譯《修行本起經》，《大正藏》，第 3 冊，頁 461 上起。

[445]〔後漢〕支婁迦讖法師譯《阿閦佛國經》，《大正藏》，第 11 冊，頁 751 中起。

[446]〔吳〕支謙譯《私呵昧經》，《大正藏》，第 14 冊，頁 809 下起。

[447]〔吳〕支謙譯《佛說三品弟子經》，《大正藏》，第 17 冊，頁 700 下起。

經》⁴⁴⁸、《生經》⁴⁴⁹、什譯《小品般若經》、什譯《金剛經》、《禪祕要法經》⁴⁵⁰、《摩訶般若鈔經》⁴⁵¹、《佛說婦人遇辜經》⁴⁵²、《大意經》⁴⁵³、《銀色女經》⁴⁵⁴等等。這些擁有如同《阿含》平凡序幕的經典，都有三個共通點：

其一，它們都是早期的翻譯，最早的已是二世紀時的譯本。

其二，除了《生經》之外⁴⁵⁵，其餘都未載有後來大乘所流行的咒語。值得注意的是，從《小品》⁴⁵⁶、《摩訶般若鈔經》⁴⁵⁷以

---

⁴⁴⁸〔西晉〕竺法護大師譯《佛說申日經》，《大正藏》，第 14 冊，頁 817 下起，(按《大正藏》同頁註腳：「開元錄中無法護譯，恐是支謙誤為法護。」)

⁴⁴⁹〔西晉〕竺法護大師譯《生經》，《大正藏》，第 3 冊，頁 70 上起。

⁴⁵⁰〔後秦〕鳩摩羅什大師譯《禪祕要法經》，《大正藏》，第 15 冊，頁 242 下起。

⁴⁵¹〔後秦〕曇摩蜱法師共竺佛念法師譯《摩訶般若鈔經》，《大正藏》，第 8 冊，頁 508 中起。(按：即《小品》異譯。)

⁴⁵²〔後秦〕聖堅法師譯《佛說婦人遇辜經》，《大正藏》，第 14 冊，頁 944 上起。

⁴⁵³〔劉宋〕求那跋陀羅法師譯《大意經》，《大正藏》，第 3 冊，頁 446 上起。

⁴⁵⁴〔元魏〕佛陀扇多法師譯《銀色女經》，《大正藏》，第 3 冊，頁 405 上起。

⁴⁵⁵ 如〔西晉〕竺法護大師譯《生經》：「佛言：何等為一切救濟擁護？如是：阿軻彌　迦羅移　嘻隸嘻隸　般錍　阿羅錍　摩丘　披賴兜　呵頭沙翅拘犁因提隸者比丘披漚羅須彌者羅難樓在者羅　阿者破者　阿羅因阿羅耶　耶勿遮坻錍移阿錍。」《大正藏》，第 3 冊，卷 2，頁 85 上。

⁴⁵⁶〔後秦〕鳩摩羅什大師譯《小品般若波羅蜜經》：「般若波羅蜜是大咒術、無上咒術。善男子、善女人，學此咒術，不自念惡，不念他惡，不兩念惡；學是咒術，得阿耨多羅三藐三菩提，得薩婆若智，能觀一切眾生心。」《大正藏》，第 8 冊，卷 2，頁 542 中。

至《大品》[458]，都以「般若波羅蜜」作爲咒語的經句，當時仍未眞正加進咒語體裁的字符。到了從《大品》分拆出來，由羅什翻譯的《大明咒經》（即《般若心經》的異譯），咒語體裁的字符才加進了經文裏面。[459]從這一點可見，由始至終都沒有談及咒語的《金剛經》，眞的有可能比《小品》集成得更早。

其三，就是除了《小品》、《摩訶般若鈔經》與《金剛經》之外，餘經都幾乎完全沒有被中、印的古德所重視過，自然亦沒有釋經論，就像籍籍無名的演員一樣，在星光熠熠、擁有佛陀放光、「菩薩無央數」[460]圍繞著的其他大乘經典背後，度過了失敗的一生。相信這代表著一個重要契機，導致往後的大乘經典，都要在義理充實之餘，兼備絕不平凡的序幕！所以，本應也是屬於這類早期大乘經典一員的《小品》與《金剛經》，只是基於它們的內容可以被無限地擴充說明而成爲一大般若體系的原故，它倆的命運便截然不同。

---

[457]〔後秦〕曇摩蜱法師共竺佛念法師譯《摩訶般若鈔經》：「是般若波羅蜜者，極大咒，持尊之咒。學是咒者，善男子、善女人不自念惡，亦不念他人惡，都不念惡，為人中之雄，自致作佛，當護一切人。學是咒者，疾成得佛。」《大正藏》，第 8 冊，卷 2，頁 514 上。

[458]〔後秦〕鳩摩羅什大師譯《摩訶般若波羅蜜經》：「般若波羅蜜是大明咒、無上明咒、無等等明咒。何以故？憍尸迦！過去諸佛因是明咒故，得阿耨多羅三藐三菩提。」《大正藏》，第 8 冊，卷 9，頁 286 下。

[459]〔後秦〕鳩摩羅什大師譯《摩訶般若波羅蜜大明咒經》：「竭帝　竭帝　波羅竭帝　波羅僧竭帝　菩提　僧莎呵。」《大正藏》，第 8 冊，卷 1，頁 847 下。

[460]〔吳〕支謙譯《大明度經》，《大正藏》，第 8 冊，卷 1，頁 478 中。

　　《小品》這個序幕平凡卻能脫穎而出的經典，學術界認為它有七個漢譯。但非常奇怪，較早期的四譯中，只有兩部後秦的譯本（五世紀初）：《小品》與《摩訶般若鈔經》，擁有這個平凡的序幕。更早就被譯出的另外兩部：《道行般若經》[461]和《大明度經》，卻是有「菩薩無央數」所圍繞。特別要注意《道行般若經》，它也是很早的譯本，約西元二世紀末。從譯者支婁迦讖的祖籍看，底本有可能是來自「大月氏」（此國西鄰安息，南接罽賓，東面通往于闐），但序幕已是菩薩圍繞的大乘經典新式樣！反而後來的兩部後秦譯本，卻保存了早期大乘經典的平凡，而且這翻譯時間前新後舊的譯本相差竟有二百年之距！結果到七世紀時，這兩種新舊式樣的不同表述，皆雲集在玄奘譯《大般若經》十六會中，並分別以第四會的平凡序幕[462]，和第五會的無量菩薩[463]兩種式樣同時出現，這就是七譯中的另外二譯。到了最後宋代的異譯《佛說佛母出生三法藏般若波羅蜜多經》，平凡的序幕仍是一直地流

---

[461]〔後漢〕支婁迦讖法師譯《道行般若經》，《大正藏》，第 8 冊，卷 1，頁 425 下。

[462]〔唐〕玄奘大師譯《大般若波羅蜜多經》：「一時，薄伽梵住王舍城鷲峯山中，與大苾芻眾千二百五十人俱，皆阿羅漢，諸漏已盡無復煩惱，得真自在心善解脫、慧善解脫，如調慧馬亦如大龍，已作所作已辦所辦，棄諸重擔逮得己利，盡諸有結正知解脫，至心自在第一究竟，除阿難陀獨居學地，具壽善現而為上首。」《大正藏》，第 7 冊，卷 538，頁 763 中。

[463]〔唐〕玄奘大師譯《大般若波羅蜜多經》：「復有無量無數菩薩摩訶薩。」《大正藏》，第 7 冊，卷 556，頁 865 下。

傳著。[464]這顯示了，即使經典在印度或中亞有怎麼樣的改動，原來還是會有一些舊本仍然流通著，並未受到改動所影響。（往下我們還會再見到這一點究竟對翻譯有何影響）

　　傳聞曾有一片《小品》的斷片做過碳放射性測試，結果顯示斷片的年代為西元 75 年[465]。因此，《金剛經》較《小品》更早或更遲，甚至可影響到大乘初興的時間判斷。所以，《金剛經》與《小品》，乃是現代學者研究聲聞乘代遷至大乘的重要研究對象。不過，若綜合「乞食」與「同聞眾只有千二百五十人而無菩薩」（特別是沒有咒語的描述）兩個特點而論，大乘經典中唯有《金剛經》一部同時擁有這二項特徵，獨一無二！還有一個助證是，佛在《金剛經》是認同度眾至「入無餘涅槃」[466]也算是可以的。但在《小品》，出現了要眾生「令住阿耨多羅三藐三菩提」[467]這

---

[464] 〔宋〕施護法師譯《佛說佛母出生三法藏般若波羅蜜多經》：「一時，佛在王舍城鷲峯山中，與大苾芻眾千二百五十人俱，皆是阿羅漢，一切漏盡無餘煩惱，心善解脫、慧善解脫，如大龍王，諸有所作皆悉具足；捨彼重擔得大善利，盡諸有結正智無礙，心住寂靜已得自在。唯一尊者住補特伽羅，所謂阿難。」《大正藏》，第 8 冊，卷 1，頁 587 上。

[465] "In 2012, Harry Falk and Seishi Karashima published a damaged and partial Kharoṣṭhī manuscript of the Aṣṭasāhasrikā Prajñāpāramitā. It is radiocarbon dated to ca. 75 CE, making it one of the oldest Buddhist texts in existence." 網站：https://en.wikipedia.org/wiki/Prajnaparamita#cite_ref-8 上網時間：2015 年 12 月 2 日 17:45。

[466] 什譯：「我皆令入無餘涅槃而滅度之。」頁 749 上。

[467]〔後秦〕鳩摩羅什譯《小品般若波羅蜜經》：「我等行菩薩道，常當以法，示教利喜無量百千萬眾生，令住阿耨多羅三藐三菩提。」《大正藏》，第 8 冊，卷 4，頁 555 中。

種更進步的講法。這很明顯是《金剛經》法布施為人解說延伸發展下的必然結果與論調，亦是增加菩薩的數量，以此真正建立起具備人力的，和有別於聲聞乘的「菩薩乘」的重要變革。很可能亦因為這樣的想法，才有後來唯識家以「菩薩乘」為主的思想。故可相信，《金剛經》在聲聞代遷至菩薩乘的過程中，有著別經不可代替的重要地位。結合以上的義理討論，筆者認為原始的《金剛經》應是其中一部最早的大乘經典。

第四節　印度本土的派系代遷

或許，我們更可以換個角度，從《金剛經》譯本思想的差異來看這一類代遷問題。正如本文提及的，大乘初興時所樹立而與聲聞乘有明顯不同的思想義理，必然是聲聞乘本來已然具備，而不是強烈離經叛道的創新，這是任何派系代遷開始時的合理現象。所以，思想的相續但舉揚的重點不同，理應就是聲聞乘轉變成大乘時的派系代遷證據。什譯《金剛經》具備好幾項這類的證據，特別是有別於異譯的發菩提心，都是可以用來說明什譯的原始性，這些在前文中已討論到了。

同樣地，待大乘成功興起後，內部也會與聲聞乘的情況相若，發展出派系來。從已知的資料所示，龍樹一系的中觀家，又所謂空宗，約於西元 200 年前後興起。他們發揚的中道實相畢竟空的學說，雖然是否成為當時佛教的思想主流還有待討論，不過確曾

影響整個思想界。之後到了西元 350 至 450 年間，彌勒論師、無著、世親的唯識學抬頭，即所謂有宗，提倡瑜伽，故又名瑜伽行派。此二宗目的雖然都是成就佛道，證得無上菩提。但他們的根本義理確實是有差別的，當對比他們的論藏時，可以明確地分別出來。因此，我們實不能假設這種派系代遷的思想不同，只會存在於論藏，而不會反映於所謂佛說的經藏文句中。

　　事實上，這種派系思想對一部經的影響，早在《阿含經》便有先例。譬如南傳《長部》《大般涅槃經》*Mahāparinibbānasuttanta*裏面有一句這樣的偈頌：「世人結籠筏，捨深處造橋，欲渡海湖者，渡之為智者。」[468]但傳為分別說部或是法藏部所尊的異譯漢傳《長阿含經》，裏面的偈頌卻是：「佛為海船師，法橋渡河津；大乘道之興，一切渡天人。亦為自解結，渡岸得昇仙；都使諸弟子，縛解得涅槃。」[469]當中更有提到「大乘」的字詞和喻意。這足以反映出南傳的分別說部赤銅鍱系與北傳法藏部對「大乘」的接受程度是不同的。《金剛經》中有兩段偈頌，情況與這類異譯異文的例子十分相似，可見派系代遷實為翻譯對比中不可忽略的一環。

　　這個道理，漢傳經藏中存在眾多的異譯，恰如《金剛經》便

---

[468] 元亨寺漢譯南傳大藏經編譯委員會《長部》，《漢譯南傳大藏經》，1995，第 7 冊，卷 16，頁 40 上。元亨寺妙林出版社，高雄，台灣。
[469] 〔後秦〕佛陀耶舍法師共竺佛念法師譯《長阿含經》，《大正藏》，第 1 冊，卷 2，頁 12 下。

有六譯之多，若能與外文譯本和現存梵本作適當對比，必然可以發掘出許多埋藏在文字底下的派系代遷痕跡，當中或許涉及一些思想義理以外的因素，導致文字出現差異，例如 D42 的口耳相傳便是一個活例子。

第五節　時空與底本

　　由一路下來的討論可見，從什譯的內容看，我們可以確認很多應該是屬於大乘初興時的特質，尤其是對於畢竟空作為第一義的舉揚（見於無為法亦空）、重視純粹的發菩提心　（見於須菩提的前後二問並沒有發趣菩薩乘的表述）、中道實相的闡發（見於三十二具足相的不生、不滅；不常、不斷）等等。這些思想都被當時的空宗所提倡與發揚，故可相信什譯乃是出於該思想體系的底本。

　　有別於什譯，我們卻看到自支譯起，唯識家的很多重要教義和思想，特別是真如無為、種性優先、阿賴耶識、種子薰習、見相二分、二無我、唯識四智等等，都對經文的表述方式造成影響。這些思想不但與空宗的畢竟空、發菩提心、中道實相等見解南轅北轍；而且，它們與其他唯識教義關係密切，彼此緊扣，實是什譯與餘七譯呈現不同風貌的主要原因。

　　從彌勒的偈頌，無著、世親、金剛仙等等對《金剛經》都撰述過論註這一點來看，本經當時在印度實是受到唯識學者相當的

重視。又從第叄章所分析的改動模式看，唯識學者在其光輝歷史的幾百年間，確實由始至終都有人對本經投放心力，常常拿本宗的義理來與本經對比，對經文進行改動可謂從無間斷過。由此可以想像，或許本經正是唯識家向外傳教的主要經本之一，因此才會獲得如此的厚待。根據考古發現，《金剛經》的梵本確實在中國、日本、巴基斯坦、中亞等地都有發現。中國吐魯番等區域更有于闐、粟特等文字的譯本出土。現存最早的斷片相信是西元五世紀末至六世紀初之物，亦即流支來華的時期。所以，現時所見到的梵本，依據本文所研究的結果看，都可能是印度唯識家改動過後的版本。Müller 與 Conze 所使用的，相信亦是屬於這一類。從文本對比看，M、C 二譯也確實與笈、奘二譯較爲接近，其中甚至有一些內容，是到淨譯才有的講法。

　　不過，據楊白衣的研究，在眾多考古發現中有一項是這樣的：「F.E. Pargiter, on A.F.R. Hoernle, Manuscript Remains of Buddhist Literature Found in Eastern Turkestan, 1916, pp. 176-195. 此係將斯坦因（指 Stein, Aurel）在東土耳其的 Dandan Uiliq 發見，而由赫恩烈認定的梵文斷片，由 F.E. Pargiter 刊行，有若干缺漏。較現存之梵本簡潔，接近羅什本。」[470]這說明了，外流的梵本中也有一些與什譯是較接近的。如果學者們拿來作對比的材料，或

---

[470] 楊白衣〈金剛經之研究〉，1981 年，《華岡佛學學報》，第 5 期，頁66，中華學術院佛學研究所，臺北，台灣。

許會得出不一樣的結論也未可知。

　　另外，據窺基的記載，什譯所用的底本，似乎是以羅什故鄉的龜茲文寫成的。這一點與羅什翻譯《妙法蓮華經》的情況相似，因爲在隋代別譯的《添品妙法蓮華經》序文中，翻譯者崛多與笈多二位大師考查竺法護所譯《正法華經》與羅什譯《妙法蓮華經》後，有如下記載：「考驗二譯，定非一本。護似多羅之葉，什似龜茲之文。余撿經藏，備見二本，多羅則與《正法》符會，龜茲則共《妙法》允同。」[471]證明羅什所用的是早已翻成龜茲文的版本。佛教在西元元年起便已傳入龜茲，《金剛經》亦可能很早便隨大乘教傳入龜茲並被翻譯成龜茲文，這是可以想像得到的。但龜茲位處塔克拉瑪干沙漠的北面，與沙漠南面佛教傳播路徑上的重鎮于闐（即今日的和闐）比較起來可謂冷清得多（傳說近九成的佛經都是經由于闐傳入中國的[472]）。因此，印度派系的變遷和對經文可能造成的改動，反而未必改動得了遠離印土，並早已翻成龜茲文的龜茲版《金剛經》，試以漢傳六譯也要足足三百多年才由什譯發展到淨譯的樣貌便可想像得到。而且，正如上面第三節有關《小品》所討論過的，印度與中亞地區所作出的改動，未

---

[471] 〔隋〕闍那崛多大師共笈多大師譯《添品妙法蓮華經》，《大正藏》，第9冊，卷1，頁134下。
[472] 釋東初著〈中印佛教交通史〉：「于闐為我國佛教策源地，初期來華傳譯之高僧，所譯大乘經典中，其原文十之八九來自于闐。」《東初老人全集》之(三)，1985年1月1日，東初出版社，臺北，台灣。

必會影響到已流通的舊版本，龜茲版《金剛經》甚有可能亦是同一遭遇。較之於窺基的記載，什譯所用的底本確是與支、諦所用的「經文舛異」，說明筆者的推論是吻合記載的情況。

第六節　底本的時空位置

綜合以上種種線索，筆者估計八譯所使用的底本，在時間軸上的位置約是：

1、什譯可能是在西元 200 年，甚至更早至元前一世紀便被傳出，然後再被翻譯成龜茲文的版本。

2、支譯則是在西元 350 至 450 年之間，當唯識家興起時的產物。

3、諦譯不會比支譯的遲太多，相信是在西元 500 年左右定稿的。

4、笈譯是十大論師時期的進化版，估計是在西元 550 年左右完成的。

5、奘譯則約是在西元 550 至 600 年前後的改版，相信是與《大般若經》同期修訂完成的。理由是「能斷金剛」一詞始見於《大般若經》的〈第一會〉、〈第三會〉[473]和〈第

---

[473] 如〔唐〕玄奘大師譯《大般若波羅蜜多經》〈第三會〉：「善現！若菩薩摩訶薩金剛喻智所斷煩惱習氣相續，是實有性，非非有性，則此能斷金剛喻智，不能達彼都無自性斷、已證得無上微妙一切智智，非尊非勝，不超一切世間天、人、阿素洛等。以金剛喻智所斷煩惱習氣相續，非實有性，

九會能斷金剛分〉;〈第一會〉的十萬頌無別譯比較;〈第三會〉的一萬八千頌約別譯《光讚經》[474]，但《光讚經》的內容中只有「金剛」的陳述，卻沒有「能斷」或「能斷金剛」的用詞。所以，可相信「能斷金剛」一詞實為《大般若經》集成時所新創並用於〈第九會能斷金剛分〉的。

6、淨譯應是在印度空、有論爭後的產物，可能是玄奘在印的老師戒賢之後出現，這是本文一直都有提及的。所以，淨譯應該不會早於西元 645 年，即玄奘回唐之前出現。若此推斷正確，則由什譯的底本到淨譯的底本，中間最少有 450 年以上的歲月。

7、M、C 二譯相信是來自笈、奘二譯出現以後的版本，主要看它們經題都有「能斷」、都以「發趣菩薩乘」做起問、D18 都有「佛智、佛眼」的描述、D32 都有「是名」般若的句子、D33 都用「生智」等等便知。而且，它們更有一些衰退期改動模式的特徵，如 D02 的同聞眾中出現「菩薩」、D20 的「如來密意」、D45 的字詞「希望」等等。因此，相信這兩譯的底本並非完全相同於笈、奘、

是非有性故，此能斷金剛喻智，能了達彼都無自性斷，已證得無上微妙一切智智，普超一切世間天、人、阿素洛等最尊最勝。」《大正藏》，第 7 冊，卷 493，頁 507 下。
[474]〔西晉〕竺法護大師譯《光讚經》，《大正藏》，第 8 冊，頁 147 上起。

淨等三譯，而是很可能在三者之後，利用笈、奘二譯相
類似的底本爲藍本，再增補淨譯底本相類的內容而撰寫
完成。因此，M、C 二譯的底本不會早於西元 645 年定
稿，甚至是遲至西元 700 年以後才出現的產物，可以說
是八譯底本中非常新近的版本。

這樣的時間位置，除了可從中看到《金剛經》八譯在義理演
繹上的不同風貌外，如若能夠對每項差異進行更深入追溯的話，
相信還可憑細緻的義理特徵，反過來幫助鑑別其他經典譯本所用
底本的年代。這當要感恩唯識家對《金剛經》的特別重視所賜，
致使他們在漫長歲月裏所關注的不同，都清楚地刻印在八譯之
中。

第七節　現存梵本的對比局限

從上面的討論可以見到，經考古所發現的梵本，其內容甚有
可能是已被改動過。這同時也表示，完全依賴考古所發現的現存
梵本來做文本對比的話，是很有局限性的。

首先，它無法反映出時代的變化。我們從譯本的變化可以確
定底本變化的存在，但考古所發現的梵本，僅可代表變化的某一
時間點上的產物，實不足亦不應以此做爲衡量所有不同時代的譯
本的對比工具。其次，即使要以此做爲對比工具，亦只適用於對
比與它相同時代的譯本。以現時的考古所發現六世紀，甚至是七、

八世紀以後的梵本看，要勉強去與支譯，甚至和什譯作對比的話，恐怕只會獲得錯誤的結論。故此，必須先知道所發現的梵本屬於哪一時代的產物。但這樣，則需要反過來以譯本去斷定，這對學術界來說可能十分不可思議。

第陸章 結論

第一節 研究的總結與功用

　　對於第一章的各個疑問，本文都已作出論述。現歸納內容，作出以下的研究總結：

　　1、關於各譯本的差異點和所涉及的內容，在第貳、第叁章已整體提出71項。明細的差異和造成這些差異的背後派系思想，該兩章都已一一分別出來。當中最主要的原因，相信就是空、有二宗所持的教義不同。對於《金剛經》內的數項重要思想，如何受到空、有二宗的影響，在第肆章亦分別詳細論述。其中，筆者認為空宗的畢竟空、發菩提心、中道實相思想，與有宗的真如無為、種性優先、二無我、種子薰習等思想，影響經文至鉅，亦是什譯與餘譯差異的最重要癥結。過去的研究大多忽略了這些因素，以至結論呈現偏頗，並不全面。而且，自唐代以來，學者常常借用無著、世親的解釋來襯托出自己見地，學界受到這樣的習慣所影響，已似乎不太留意到二人的解釋，其實是按唯識家改動經文後的版本來發揚義理的。如若沒有古德圓融的宗旨為前提，而硬將無著、世親的解釋套在什譯之上，勢必產生現代學者拿現存梵本與什譯做文本對比的謬誤。唯有高永霄1980年的〈金剛經六譯本的研究〉是其中的例外。而且，本文應該已全面補充了證據，證明高氏的立論正確。

247

2、造成譯本差異的空、有二宗思想，來源可以是**翻譯者本身**的個人觀點所造成，但亦可以是發源於印度原來的底本不同。據本文研究顯示，源於底本的不同，應是較爲可信的。理由之一是，八譯中很多義理觀點都存在相續性。即是說，假如僅僅是某一翻譯者造成，而原來底本根本沒有的話，則其他翻譯者實無理由，更無必要予以繼承。理由之二是，某些觀點存在著線性的進化。故此，繼承、進化、再繼承、再進化這種關係，必須是經過派系的研究討論才能產生的結果。理由之三是，全部差異都能夠在同一派系的其他經論中找到相應的義理依據，而非無中生有。這幾個理由，本文都提供了充份的說明和證據。

3、因此，以源於印度的派系代遷做爲八譯差異的成因，當爲確當。

4、亦因此，各譯都有各自所要發揚的義理。正因爲要發揚的義理不同，或說是爲了大寺院，如那爛陀的教育所需，又或是爲了傳佈的統一性，所以底本才被改動。這些改動都是全方位、全面性地與本宗對各項義理的解釋密不可分的，而且是前後呼應，所以亦不見得可以隨便與他宗的用詞互相取代，否則將會出現矛盾和解釋上的困難。這些改動的模式已在第叁章的小結部份闡述過，尤其是什譯以外的七譯，堪具反映出唯識家整個發展歷程的功用，故筆者認爲相當有價值。如果有資源再深入探討，相信當會發現很多有趣而未爲人所知的結果。

5、現代純粹文本對比的研究方法，對於研究《金剛經》，尤其是什譯，可謂捉襟見肘，理由在文中已不斷說明。但總括而言，《金剛經》各譯都具有時代性，其底本亦不可能是同一來源，若不是如本文爲了尋找義理根源的不同，文本對比所得結論的可信度實在成疑。如要改良，實不能完全信賴文本對比作爲唯一的研究方法，這方法有太多局限性。研究人員應該考慮多樣的研究方法，例如本文所採用的義理對比方法，來補充文本對比的缺點。不過，這自然需要研究者具備額外的佛學知識和對義理差別的敏感度方可。

總結而言，各譯本，尤其是漢傳譯本，均有其獨自所要發揚的義理內涵。因此，其用詞有其配合上的需要，而非他譯的用詞所能取代。由此而深究，當可見到各譯本的演變與源於印度的派系代遷有關。換句話說，漢傳各譯本所採用的底本，本身就已受到派系代遷的影響，才有用詞上所展現的不同風貌，譯本與譯經家實無過錯！如此，現代部份採取純粹文本對比方法的研究，其價值反而應當重新被審視才對。

因爲這樣的事實，或許有人便會問：譯本既然不斷被改動，豈非佛經的內容都不是原來的佛說了？筆者認爲，看待這問題就要從譯本是否也改動了佛說的根本目的而論。以《金剛經》爲例，八譯都沒有改動「度眾而無我（相）」這佛說的根本目的，改動的僅是達到這佛說根本目的之「觀智」技巧而已。「觀智」技巧

屬於「方便法門」的範疇，它與目的有船筏與彼岸的關係，卻非等同於目的。這是修學佛法的人所必須知道的。

至於本研究的功用，大抵可從以下幾方面說明：

一、本研究主要證明，即使是佛說的經藏，亦會受到派系思想的不同而記載成不一樣的內容。過去，我們都有一種錯誤想法，以為梵本是佛說，所以理應只有一種記載，若記載不同便會向翻譯者追究。又或即使數個梵本之間有微異，下意識仍然認為那只是表達的剪裁不同，而非義理上的分歧。我們的這種錯誤想法，古往今來，即使是大師級的學者如真諦[475]、玄奘[476]，也是會存在的，那就更不用說現代的學者了。不過，經過本文的說明，證明了經文的差異實暗藏著印度派系思想的變化，這些變化並非因為譯者的取態，而是因為原梵本已因派系代遷而改動。當然，這項證明將會限制梵本做為文本對比主要工具的價值，亦會改變一向依賴梵本做為主要對比對象的研究方法。不過，若以求真做為學

---

[475] 諦譯：「法師……尋此舊經甚有脫悞，即於壬午年五月一日重翻，天竺定文依婆藪論釋。」《大正藏》，第 8 冊，卷 1，頁 259 上 766 下。

[476]〔唐〕慧立法師與彥悰法師合著《大唐大慈恩寺三藏法師傳》：「法師對曰：……今觀舊經，亦微有遺漏。據梵本具云《能斷金剛般若》，舊經直云《金剛般若》。欲明菩薩以分別為煩惱，而分別之惑，堅類金剛，唯此經所詮無分別慧，乃能除斷，故曰《能斷金剛般若》，故知舊經失上二字。又如下文，三問闕一，二頌闕一，九喻闕三。如是等，什法師所翻舍衛國也，留支所翻婆伽婆者，少可。帝曰：師既有梵本，可更委翻，使眾生聞之具足。然經本貴理，不必須飾文而乖義也。故今新翻《能斷金剛般若》，委依梵本。」《大正藏》，第 50 冊，卷 7，頁 259 上。

術研究的大前提,那麼,我們還是必須對梵本抱有一定的懷疑,而非必然地肯定其原始性和正確性。而且,梵本雖然可憑碳放射性測試知道它的製成年代,但當中義理所顯示的思想究竟起於何時,則唯有經過縝密的研究對比,方會知曉。這一點,除了倚仗翻譯本的成書時期和譯本間的互相對比外,單靠梵本等資料是無法做到的。由此可知,類似本文的,以譯本對比的方法實有其不可取代的重要性。

　　二、本研究的第貳、第叁、第肆章所提出的 71 項文本差異、八譯的四種改動模式、與十多項重要思想演進的剖析,相信大部份內容是過去未有人提及過的。71 項文本差異雖然只是簡單地把各種差異羅列出來,但當中的淺釋卻已顯示印度空、有二宗的根本思想差異,如何影響著經文的記載。八譯的四種改動模式歸納了 71 項文本差異的資料,而得出的變化趨勢分析。這可能已顯示了由大乘興起至唯識家後期的種種思想變化,乃至派系在不同時期所關注的不同。重要思想演進的剖析基於派系代遷的認知,釐清了十多項過去常有熱烈討論的《金剛經》問題,其中很多都是前人未曾觸及的見解,以供各界參考,是否合理當然就由學術界來評論了。

　　三、本研究的第伍章,從文本與義理對比以外的角度,探索了研究同類議題時所應關注的其他問題,當中便包括了時間、地理、人物等因素在內。其中說明異譯在經文上的變動,未必可單

純地以翻譯的年代先後，來衡量變動的先後，地理與人物的關係
亦必須同時考慮到。本研究發現，經文不同的底本，不論是來自
梵文或其他語文，它們都有可能同時在不同地區流通著。甚至理
應是先出的版本，保存在某個化區，並被後來已改動的版本追過
與帶到中國來翻譯。因此，純粹的時間證據實不足以了解事實，
唯有把派系代遷的影響納入研究範圍內，才有望為古籍的翻譯問
題，例如第伍章所歸納的底本集成年代，提供更合理的答案。

第二節　研究的限制與展望

最後要說明本研究的限制與展望。

限制方面，最主要是同類研究的參考資料非常缺乏。譯本的
經文排比，古德是有羅列一些。不過，深入義理的探索對比研究，
除了高永霄 1980 年的〈金剛經六譯本的研究〉提出過一些有用
的基本見解外，其他資料可謂乏善可陳。因此，大抵上第貳、叁、
肆等章的內容都是從頭一點一滴堆疊起來的。幸好幾年來筆者都
在盡力學習這部經，很多學者的見解都曾經成為筆者懷疑與追究
的增上緣。因此，資料也就慢慢地積聚起來，並令本文得以完成。

其次是語言上的限制。筆者並非梵文方面的專業，故本研究
並未納入梵本做為研究對象。而且，梵本出土眾多，又多是殘片
而非全文，故實亦難以一一對比。同時為免墮入其他研究採用單
一梵本的相同問題，本文僅以八譯為研究對象，既然彼此都是譯

本，比較上便可公平處理。同樣地，西藏譯本亦是本文沒有納入研究範圍內的，原因主要亦與語言不通有關。想藏譯可能代表著奘、淨二譯以後的變化，應能夠提供一些唯識代遷至密乘的寶貴差異痕跡。但筆者希望把資源和焦點，先集中在什譯所代表的空宗思想如何代遷成唯識的思想，及利用餘七譯的變化，證明唯識的內部亦有思想的改動之上，所以便忽略了梵本與藏譯。

再者，是論文的性質與篇幅方面的限制。本研究本應擴展篇幅談談各譯的架構，這樣讀者當更能掌握各譯所闡發的義理脈絡。尤其是在什譯的「前為菩薩說破所、後為初學說破能」的特色，在架構上與餘七譯的前後皆為維持種性而說「應如是發心」，必然有很多的不同。然而，若這樣做，恐怕便會變成解釋經文的報告或書刊而非論文，篇幅亦會增多而超越了校方的限制。而且，礙於文獻上應用前菩薩、後初學的架構做解說的實在少之又少，難以做出具份量的對比。為免文章成為筆者個人見解的發表平台，因此，在各種條件不具足下，唯有把研究僅僅鎖定在派系代遷的影響上。其他的內容，就留待將來有因緣時，以其他寫作模式給予交待了。

還有的是，第貳、第叁章也因筆者學養與篇幅所限，只能以淺析的方式敘述。如能每一項都如第肆章以更仔細和詳盡的方式加以解釋的話，相信會有令人更滿意的效果，亦可能從中發現更多細節和有趣的事項，以裨益讀者。然而，筆者對空、有二宗的

認識膚淺，未能更深入細微，實是本文的缺失。尤其是唯識家幾百年的內部變遷，筆者自問實未能盡善地去處理。這唯有寄盼其他更有學問的學者給予指正和補充，亦希望將來自己能夠更深入明白後，提供全面的補充。

至於本研究的展望，大約如下：

首先，從廣度而言，本研究的義理對比方法，用做對比派系代遷的義理變化，應當是可以拓展至某些經典的研究上，只要那些經典符合類似《金剛經》的三項特質：1、有多個異譯，2、異譯出產於不同時代，3、異譯中最少有一個是較早期的譯本。只要符合這三個條件，便可憑文本對比找出義理的差異點，然後再依派系義理的特徵，分析當中的每項差異。假若與本文所發現的改動模式相近，則可能表示這種關係已存在一定的規律性，並可成為其他研究的準則和分析工具。依現在所見，符合以上特質的經典，當包括《小品》、《大品》、《維摩詰》等等，都是值得嘗試研究的。有一些經典雖然沒有很多的異譯，但就會有來自印度的釋經論，如《法華》與它的《憂波提舍》；論中的引經文句，也可以作為研究對比的材料。當有充足的這類資料時，歸納起來的規律與準則，便可以用來分析其他只有單譯的經典，了解其底本集成的年代。

又從深度而言，71 項文本差異，每一項都可以做更深度的研究。本文雖然已把其中十多項差異，放在第肆章做了深度的討

論。但其他的幾十項，礙於上面所說的限制，本文無法一一詳細探究，只能提出主要的線索，即所謂淺析的內容。但往後在這一一的差異上面，應該作出更深入的探討。這些項目，如實說，每一項都幾乎可以做為一份短篇論文的題目，相信亦適合一般佛學院的學生拿來研究。尤其是因為涉及到空、有義理的差別，相信學生也會在研究的過程中增進不少知識。最重要的是，這樣的深入了解一定可以對派系在不同時期所關注的差異顯示出來，令我們能夠更確定當中的規律。

　　本文在第肆章只把重要思想的演進獨立出來研究，以證明派系的影響確實存在。但往後可以針對單一的重要思想演進，為其對整體經文的影響進行徹底的研究。相信這樣將可發現一種思想在《金剛經》起著怎麼樣的影響、其深廣度如何、對修行會有什麼不一樣的改變等等。若能與改動的規律一起去看，可能又會有更多新的發現，譬如是修行次第的描述之類。因為修行次第必須縱觀整體方可顯露，如本文第肆章討論「一念淨信」、「生清淨心」、「生無所住心」的次第，如只是單獨去看，不但會出現某些學者的謬誤，更會喪失彰顯修行次第的契機。

　　在第伍章說明的底本時空位置，即是派系代遷的思想變化時間表，應該是可以應用到其他經典上的，以檢視其適用性和做出改良。譬如說，流支來華所翻譯的經典，是否也存在支譯《金剛經》裏所發現的相同思想特徵？如有差異，理由何在？如此細究

下去，必然可爲眞相揭露更多。

　　總之，《金剛經》這八譯的小本子，通過本研究的介紹，已把其中主要的思想變化特徵揭示出來。這樣的研究，相信唯有漢譯經藏才能蘊藏這種可能性。當念及此，實要感恩古來的中、印大德，跋山涉水傳來原典，又堅持不懈地從事翻譯的事業。我們實在要好好珍惜，切勿隨便輕率判別，以免重蹈「後賢如未諳斯旨，往往將經容易看」[477]的覆轍！

---

[477]〔宋〕法雲法師編《翻譯名義集》：「唐義淨三藏題取經詩曰：晉宋齊梁唐代間，高僧求法離長安；去人成百歸無十，後者安知前者難；路遠碧天唯冷結，砂河遮日力疲殫；後賢如未諳斯旨，往往將經容易看。」《大正藏》，第 54 冊，卷 7，頁 1178 上。

參考書目

古籍（以翻譯或著述朝代與冊號順優先）：

以下《卍續藏》一律引自 僧忍澂校：《卍續藏經》，京都，日本：日本藏經院，1905-1912 年。

以下《大正藏》一律引自 高楠順次郎、渡邊海旭編：《大正新修大藏經》，東京，日本：大正一切經刊行會，1924-1935 年。

〔後漢〕竺大力法師共康孟詳譯：《修行本起經》，《大正藏，第 3 冊。

〔後漢〕支婁迦讖法師譯：《道行般若經》，《大正藏》，第 8 冊。

〔後漢〕支婁迦讖法師譯：《阿閦佛國經》，《大正藏》，第 11 冊。

〔吳〕支謙譯：《撰集百緣經》，《大正藏》，第 4 冊。

〔吳〕支謙譯：《大明度經》，《大正藏》，第 8 冊，卷 1，頁 478 中。

〔吳〕支謙譯：《私呵昧經》，《大正藏》，第 14 冊。

〔吳〕支謙譯：《佛說三品弟子經》，《大正藏》，第 17 冊。

〔西晉〕白法祖法師譯：《佛般泥洹經》，《大正藏》，第 1 冊。

〔西晉〕無羅叉法師譯：《放光般若經》，《大正藏》，第 8 冊。

〔西晉〕竺法護大師譯：《生經》，《大正藏》，第 3 冊。

〔西晉〕竺法護大師譯：《光讚經》，《大正藏》，第 8 冊。

〔西晉〕竺法護大師譯：《度世品經》，《大正藏》，第 10 冊。

〔西晉〕竺法護大師譯：《佛說申日經》，《大正藏》，第 14 冊。

〔後秦〕馬鳴菩薩菩薩造、鳩摩羅什大師譯：《大莊嚴論經》，《大

正藏》，第 4 冊。

〔後秦〕鳩摩羅什大師譯：《摩訶般若波羅蜜經》，《大正藏》，第 8 冊。

〔後秦〕鳩摩羅什大師譯：《摩訶般若波羅蜜大明咒經》，《大正藏》，第 8 冊。

〔後秦〕鳩摩羅什大師譯：《金剛般若波羅蜜經》，《大正藏》，第 8 冊。

〔後秦〕鳩摩羅什大師譯：《小品般若波羅蜜經》，《大正藏》，第 8 冊。

〔後秦〕鳩摩羅什大師譯：《佛說仁王般若波羅蜜經》，《大正藏》，第 8 冊。

〔後秦〕鳩摩羅什譯：《妙法蓮華經》，《大正藏》，第 9 冊。

〔後秦〕鳩摩羅什大師譯：《維摩詰所說經》，《大正藏》，第 14 冊。

〔後秦〕鳩摩羅什大師譯：《禪祕要法經》，《大正藏》，第 15 冊。

〔後秦〕龍樹菩薩造，鳩摩羅什大師譯：《大智度論》，《大正藏》，第 25 冊。

〔後秦〕龍樹菩薩造，鳩摩羅什大師譯：《中論》，《大正藏》，第 30 冊。

〔後秦〕佛陀耶舍法師共竺佛念法師譯：《長阿含經》，《大正藏》，第 1 冊。

〔後秦〕曇摩蜱法師共竺佛念法師譯：《摩訶般若鈔經》，《大正藏》，

第 8 冊。

〔後秦〕聖堅法師譯：《佛說婦人遇辜經》，《大正藏》，第 14 冊。

〔北涼〕曇無讖法師譯：《大般涅槃經》，《大正藏》，第 12 冊。

〔北涼〕曇無讖法師譯：《大方等大集經》，《大正藏》，第 13 冊。

〔北涼〕曇無讖法師譯：《菩薩地持經》，《大正藏》，第 30 冊。

〔東晉〕僧伽提婆譯：《中阿含經》，《大正藏》，第 1 冊。

〔東晉〕佛馱跋陀羅大師譯：《大方廣佛華嚴經》，《大正藏》，第 9 冊。

〔東晉〕法顯大師譯：《佛說大般泥洹經》，《大正藏》，第 12 冊。

〔東晉〕僧肇大師著：《金剛經註》，《卍續藏》，第 24 冊。

〔劉宋〕求那跋陀羅法師譯：《雜阿含經》，《大正藏》，第 2 冊。

〔劉宋〕求那跋陀羅法師譯：《大意經》，《大正藏》，第 3 冊。

〔元魏〕佛陀扇多法師譯：《銀色女經》，《大正藏》，第 3 冊。

〔元魏〕菩提流支大師譯：《金剛般若波羅蜜經》，《大正藏》，第 8 冊。

〔元魏〕天親菩薩造，菩提流支大師譯：《金剛般若波羅蜜經論》，《大正藏》，第 25 冊。

〔元魏〕天親菩薩造，金剛仙論師釋，菩提流支大師譯：《金剛仙論》，《大正藏》，第 25 冊。

〔元魏〕婆藪槃豆菩薩釋，菩提留支大師共曇林法師等譯：《妙法蓮華經憂波提舍》，《大正藏》，第 26 冊。

〔陳〕眞諦大師譯：《廣義法門經》，《大正藏》，第 1 冊。

〔陳〕眞諦大師譯：《金剛般若波羅蜜經》，《大正藏》，第 8 冊。

〔陳〕無著菩薩造，眞諦大師譯：《攝大乘論》，《大正藏》，第 31 冊。

〔陳〕世親菩薩釋，眞諦譯：《攝大乘論釋》，《大正藏》，第 31 冊。

〔陳〕天親菩薩造，眞諦大師譯：《佛性論》，《大正藏》，第 31 冊。

〔隋〕達摩笈多大師譯：《金剛能斷般若波羅蜜經》，《大正藏》，第 8 冊。

〔隋〕闍那崛多大師共笈多大師譯：《添品妙法蓮華經》，《大正藏》，第 9 冊。

〔隋〕無著菩薩造，笈多大師譯：《金剛般若波羅蜜經論》，《大正藏》，第 25 冊。

〔隋〕無著菩薩造，笈多大師譯：《金剛般若論》，《大正藏》，第 25 冊。

〔隋〕智顗大師：《金剛般若經疏》，《大正藏》，第 33 冊。

〔隋〕吉藏大師：《金剛般若疏》，《大正藏》，第 33 冊。

〔隋〕智顗大師說，湛然大師略：《維摩經略疏》，《大正藏》，第 38 冊。

〔隋〕灌頂大師著：《大般涅槃經疏》，《大正藏》，第 38 冊。

〔隋〕吉藏大師：《百論疏》，《大正藏》，第 42 冊。

〔隋〕吉藏大師：《三論玄義》，《大正藏》，第 45 冊。

〔隋〕僧璨大師：《信心銘》，《大正藏》，第 48 冊。

〔唐〕般若大師譯：《大乘本生心地觀經》，《大正藏》，第 3 冊。

〔唐〕玄奘大師譯：《大般若波羅蜜多經》，《大正藏》，第 5 至 7 冊。

〔唐〕玄奘大師譯：《說無垢稱經》，《大正藏》，第 14 冊。

〔唐〕玄奘大師譯：《解深密經》，《大正藏》，第 16 冊。

〔唐〕親光菩薩等造，玄奘大師譯：《佛地經論》，《大正藏》，第 26 冊。

〔唐〕彌勒菩薩說，玄奘大師譯：《瑜伽師地論》，《大正藏》，第 30 冊。

〔唐〕最勝子等菩薩造，玄奘大師譯：《瑜伽師地論釋》，《大正藏》，第 30 冊。

〔唐〕彌勒菩薩造，世親菩薩釋，玄奘大師譯：《辯中邊論》，《大正藏》，第 31 冊。

〔唐〕無著菩薩造，玄奘大師譯：《顯揚聖教論》，《大正藏》，第 31 冊。

〔唐〕無著菩薩造，玄奘大師譯：《攝大乘論本》，《大正藏》，第 31 冊。

〔唐〕世親菩薩造，玄奘大師譯：《攝大乘論釋》，《大正藏》，第 31 冊。

〔唐〕無性菩薩造，玄奘大師譯：《攝大乘論釋》，《大正藏》，第 31 冊。

〔唐〕護法等菩薩造，玄奘大師譯：《成唯識論》，《大正藏》，第 31 冊。

〔唐〕世親菩薩造，玄奘大師譯：《大乘五蘊論》，《大正藏》，第 31 冊。

〔唐〕功德施菩薩造，地婆訶羅法師譯：《金剛般若波羅蜜經破取著不壞假名論》，《大正藏》，第 25 冊。

〔唐〕安慧菩薩造，地婆訶羅法師譯：《大乘廣五蘊論》，《大正藏》，第 31 冊。

〔唐〕無著菩薩造，波羅頗蜜多羅法師譯：《大乘莊嚴經論》，《大正藏》，第 31 冊。

〔唐〕圓測法師著：《仁王經疏》，《大正藏》，第 33 冊。

〔唐〕窺基大師著：《金剛般若經贊述》，《大正藏》，第 33 冊。

〔唐〕窺基大師著：《金剛般若論會釋》，《大正藏》，第 40 冊。

〔唐〕窺基大師著：《瑜伽師地論略纂》，《大正藏》，第 43 冊。

〔唐〕義淨大師譯：《佛說能斷金剛般若波羅蜜多經》，《大正藏》，第 8 冊。

〔唐〕無著菩薩造，義淨大師譯：《能斷金剛般若波羅蜜多經論釋》，《大正藏》，第 25 冊。

〔唐〕宗密大師述，子璿法師記：《金剛經疏記科會》，《卍續藏》，第 25 冊。

〔唐〕宗密大師述，子璿法師治定：《金剛般若經疏論纂要》，《大

正藏》，第 33 冊。

〔唐〕法藏大師述：《華嚴經探玄記》，《大正藏》，第 35 冊。

〔唐〕遁倫法師著：《瑜伽論記》，《大正藏》，第 42 冊。

〔唐〕圓測法師著：《解深密經疏》，《卍續藏》，第 21 冊。

〔唐〕慧能大師述：《金剛經解義》，《卍續藏》，第 25 冊。

〔唐〕慧立法師與彥悰法師合著：《大唐大慈恩寺三藏法師傳》，《大
正藏》，第 50 冊。

〔唐〕智昇所編：《開元釋教錄》，《大正藏》，第 55 冊。

〔唐〕知恩法師著：《金剛般若經依天親菩薩論贊略釋秦本義記卷
上》，《大正藏》，第 85 冊。

〔唐〕道氤法師集：《御注金剛般若波羅蜜經宣演》，《大正藏》，第
85 冊。

〔宋〕施護法師譯：《佛說佛母出生三法藏般若波羅蜜多經》，《大
正藏》，第 8 冊。

〔宋〕子璿法師著：《金剛經纂要刊定記》，《大正藏》，第 33 冊。

〔宋〕法雲法師篇：《翻譯名義集》，《大正藏》，第 54 冊。

〔明〕宗泐法師：《金剛般若波羅蜜經註解》，《大正藏》，第 33 冊。

〔明〕洪蓮法師編：《金剛經註解》，《卍續藏》，第 24 冊。

〔明〕憨山大師著：《金剛經決疑》，《卍續藏》，第 25 冊。

〔明〕元賢法師述：《金剛經略疏》，《卍續藏》，第 25 冊。

〔明〕《永樂北藏》，2000 年，永樂北藏整理委員會編，線裝書局，

北京，中國。

〔清〕通理法師述：《金剛新眼疏經偈合釋》，《卍續藏》，第 25 冊。

〔清〕無事道人著：《金剛經如是解》，《卍續藏》，第 25 冊。

現代著作（以華文與筆畫順優先；外文與字母順爲次）：

元亨寺漢譯南傳大藏經編譯委員會：《長部》，《漢譯南傳大藏經》，1995，第 7 冊，元亨寺妙林出版社，高雄，台灣。

印順法師著：《初期大乘佛教之起源與開展》，1994 年 7 月，正聞出版社，台北，台灣。

印順法師著：《般若經講記》，2000 年 10 月，正聞出版社，台北，台灣。

江味農〔清代〕：《金剛經講義》，2004 年 4 月，頁 240 至 241。佛陀教育基金會，台灣，台北。

呂澂著：《印度佛教思想概論（上）》，1998 年，天華出版事業股份有限公司，台北，台灣。

張宏實：《圖解金剛經》，2008 年 3 月，橡實文化，台灣，台北。

聖一老法師述，衍輪法師錄：《金剛經淺易》，1996 年，寶林禪寺，香港，中國。

釋太虛著，太虛大師全書出版委員會：《太虛大師全書》，2005 年 1 月，教文化出版社，國家圖書館文獻縮微復制中心，北京，中國。

釋東初著：《東初老人全集》，1985 年 1 月 1 日，東初出版社，臺北，

台灣。

Conze, Edward（1960）, Buddhist Wisdom: *The Diamond Sutra and the Heart Sutra*, 2001, Random House, New York, U.S.A.

Guang Xing, *The Concept of the Buddha: Its Evolution from Early Buddhism to the Trikaya Theory*. 2004, Routledge Curzon, London, U.K.

Lamotte, Étienne, Translated from the French By Chodron, Gelongma Karma Migme: *The Treatise on the Great Virtue of Wisdom of Nāgārjuna (Mahāprajñāpāramitāśāstra)*, Vol. I, Chapters I-XV, 2001, © Ani Migme （translator）, Wisdom Library.

Müller, Friedrich Max （1894）: *The Sacred Books of the East*, Volume XLIX: Buddhist Mahāyāna Texts, Part II, p.111-144, 1894, Oxford University Press, London, UK.

期刊論文（以年份優先）：

高永霄：〈金剛經六譯本的研究〉，1980 年，分三期刊登於《香港佛教》，第 243 至 245 期。頁碼分別是（一）第 243 期的頁 3 至 8；（二）第 244 期的頁 6 至 13；（三）第 245 期的頁 9 至 12。《香港佛教》，正覺蓮社，香港。

楊白衣：〈金剛經之研究〉，1981 年，《華崗佛學學報》，第 5 期，頁 57-111，中華學術院佛學研究所，臺北，台灣。

朱慶之：〈略論笈多譯《金剛經》的性質及其研究價值〉，2006 年
11 月，《普門學報》，第 36 期，頁 10，台灣，高雄。

蕭玫：〈「應無所住而生其心」——從梵文原義到禪學新詮〉，2014
年，《正觀雜誌》，第 68 期，頁 5-37，正觀雜誌社，南投，台灣。

Schopen, Gregory: "Figments and Fragments of Mahāyāna Buddhism
in India", *University of Hawaii Press*, 2005, University of Hawaii,
Hawaii, U.S.A.

工具書：

慈怡編：《佛光大辭典》，1988 年 12 月二版，佛光出版社，台北，
台灣。

網絡資源：

妙境法師述：《金剛般若波羅蜜經》；網址：
http://www.baus-ebs.org/sutra/fan-read/007/62.htm
Sanskirt Dictionary：網址：http://sanskritdictionary.com/。
Wikipedia：網址：
https://en.wikipedia.org/wiki/Prajnaparamita#cite_ref-8。

國家圖書館出版品預行編目(CIP)資料

金剛經的真面目,你讀對版本了嗎?： 八種譯本的比較-以派系
思想為主。 / 釋定泉著 ; 蕭振士編譯 . -- 初版. -- 新北
市 : 大喜文化, 2019.02
　面 ;　 公分. --（淡活智在 ; 15 ）
ISBN 978-986-95416-0-2(平裝)

1. 般若部

221.44　　　　　　　　　　　　　　　106015668

淡活智在 15

金剛經的真面目，你讀對版本了嗎？

八種譯本的比較——以派系思想為主

作　　者 釋定泉

編　　輯 淨明

發 行 人 梁崇明

出 版 者 大喜文化有限公司

登 記 證 行政院新聞局版台省業字第 244 號

P.O.BOX　中和市郵政第 2-193 號信箱

發 行 處 23556新北市中和區板南路498號7樓之2

電　　話 （02）2223-1391

傳　　真 （02）2223-1077

E - m a i l　joy131499@gmail.com

銀行匯款 銀行代號：050，帳號：002-120-348-27

　　　　　臺灣企銀，帳戶：大喜文化有限公司

劃撥帳號 5023-2915，帳戶：大喜文化有限公司

總經銷商 聯合發行股份有限公司

地　　址 231新北市新店區寶橋路235巷6弄6號2樓

電　　話 （02）2917-8022

傳　　真 （02）2915-7212

初　　版 西元2019年03月

流 通 費 新台幣320元

網　　址 www.facebook.com/joy131499